Elisabeth Lukas

WERTFÜLLE UND LEBENSFREUDE

Logotherapie bei Depressionen und Sinnkrisen

Heilkunst und Lebenskunst
in der Logotherapie
Band 1

Elisabeth Lukas

WERTFÜLLE UND LEBENSFREUDE

Logotherapie bei
Depressionen und Sinnkrisen

EDITION LOGOTHERAPIE

PROFIL

Anschrift der Autorin:

Dr. Elisabeth Lukas
Süddeutsches institut für Logotherapie GmbH
Geschw.-Scholl-Platz 8
D-82256 Fürstenfeldbruck

Die Deutsche Bibliothek - CIP-Einheitsaufnahme

Lukas, Elisabeth:
Wertfülle und Lebensfreude : Logotherapie bei Depressionen und
Sinnkrisen / Elisabeth Lukas. - München ; Wien : Profil, 1998
    (Edition Logotherapie : Heilkunst und Lebenskunst in der
    Logotherapie : Bd. 1)
    ISBN 3-89019-470-2)

© 1998 Profil Verlag GmbH München Wien
Umschlagabbildung: Ölgemälde von Petra Hoffmann
Satz: Computersatz Wirth
Druck und Bindung: Legoprint, Lavis (Trento)
ISBN 3-89019-470-2

Dieses Werk ist urheberrechtlich geschützt. Jede Verwertung außerhalb der engen Grenzen des Urheberrechtsgesetzes ist ohne Zustimmung des Verlages unzulässig und strafbar. Dies gilt insbesondere für Vervielfältigungen, Übersetzungen, Mikroverfilmungen und die Einspeicherung und Verarbeitung in elektronischen Systemen.

Inhalt

Wenn das Leben sinnlos erscheint … 7

Eine „unzufriedene" Dimension 8

Beispiel „Berufsausübung" 10

Unsere primäre Motivation 12

Die noogene Depression 14

Abgrenzung zu anderen Depressionsformen 16

Zur Therapie der noogenen Depression 19

Beispiel „Stimulation des Anfangens" 22

Beispiel „Stimulation des Schauens" 24

Beispiel „Stimulation des Vertrauens" 29

Sinnerfüllung – Affektlage – Immunlage 32

„Noo-Psychosomatik" 34

Von der Sinnlosigkeit in den Tod 37

Zukunftsangst als noogene Krise 39

Die Statue im Marmorblock 43

Zur Verhinderung der Selbstaufgabe 47

Inhalt

Zur Erschließung einer Lebensaufgabe 49

Ein abgelegtes Zeugnis 52

Zukunftsangst als neurotische Krise 54

Unsinnige Angst und „übersinniges"
Vertrauen 57

Kommentare zur Fallgeschichte 62

Über den Zuwachs an Depressionen 64

Die logotherapeutische Sicht 69

Über die Autorin 73

Weitere Bücher der Autorin 75

Wenn das Leben sinnlos erscheint ...

Jedem Depressiven erscheint das Leben und Weiterleben mehr oder weniger sinnlos. Trotz diesem gemeinsamen und charakteristischen Symptom der seelischen Krankheit „Depression" muß zwischen Verstimmungen unterschiedlicher Herkunft und Klassifikation unterschieden werden. Das ist schon deshalb wichtig, weil keineswegs in jedem Fall stimmungsaufhellende Medikamente helfen, wie sie leider recht leichtfertig verordnet werden. Auch die Art und Weise des Trostes und Beistandes für einen solchen Patienten ist verschieden zu gestalten, je nachdem, um welche Depressionsform es sich bei ihm handelt.

In der vorliegenden Schrift wollen wir uns einer Depressionsform zuwenden, die im logotherapeutischen Fachjargon „noogen" genannt wird, weil sie mit der Geistigkeit (Nous = Geist, gr.) des Menschen zusammenhängt. Wobei der Wiener Neurologe und Psychiater *Viktor E. Frankl* (1905 – 1997), der die noogene Problematik erstmals wissenschaftlich beschrieben und erforscht hat, unter Geistigkeit nicht das Denkvermögen oder die Intelligenz verstanden wissen wollte, sondern dasjenige, was Menschsein – im Vergleich zu anderen Lebewesen – prinzipiell ausmacht. Die „noogene Depression" bedeutet dementsprechend die geistig-existentielle Frustration eines Menschen, der daran verzweifelt, daß er nicht seinem wahren, besten und ureigenen Wesen gemäß lebt.

Zur Erläuterung dieser anspruchsvollen Definition sei mir ein kleiner Gedankenexkurs gestattet.

Eine „unzufriedene" Dimension

Bekanntlich hat die Natur alles sehr weise eingerichtet. Jedes Tier weiß, was es zu tun hat, um sein Leben und das Fortbestehen seiner Art zu sichern und möglichst vor Gefahren zu schützen. Das Tier tut dies unhinterfragt, das heißt, es fragt nicht nach dem Sinn seines Tuns. Instinktgetrieben und dem langen Gedächtnis seiner Art folgend handelt es sinnvoll, ohne vom Sinn zu ahnen oder gar ihn auskundschaften zu wollen. Beispielsweise verbergen kleine Eisbärjungen ihre schwarzen Schnauzen hinter den weißen Pfoten, wenn ihre Mutter auf Beutejagd ausgeht. Die jungen Bären kennen die Gefahr nicht, die der Kontrast „schwarz auf schneeig-weißem Hintergrund" bedeuten würde, sie überlegen nicht, daß hungrige Wölfe dadurch auf sie aufmerksam gemacht werden könnten. Sie suchen auch nicht nach dem Sinn ihrer Verbergungsgeste, zu der sie ein uraltes Genprogramm verpflichtet. Sie tun, was sie tun müssen, und sind damit zufrieden, daß sie leben.

Im menschlichen Wesen ist eine das Tier überragende Dimension verankert. Eine spezifisch humane Dimension, die in vieler Hinsicht beschrieben worden ist – im Rahmen der Psychologie und Psychotherapie am präzisesten von *Frankl*, der sie eben mit dem Ausdruck Geistigkeit kennzeichnete. Sie ist sozusagen die mit dem schlichten Dasein „unzufriedene" Dimension: der Motor unseres unaufhörlichen Fragens und Suchens und Sehnens. Wir Menschen brauchen Sinn, brauchen ihn mehr noch als Brot zum Leben. Denn was nützen uns die Güter der Welt, wenn wir uns leer, überflüssig und an die Absurdität eines Chaos ausgeliefert fühlen, in keinen Sinnzusammenhang eingebettet, von nichts getragen, in nichts geborgen, ohne Herkunft und Endziel unterwegs? Gewiß beruhigt das tägliche Brot, doch nur Leib und Psyche; den Hunger unserer Geistseele vermag es nicht zu stillen. Nur wenn auf dem Hintergrund des Alltags ein Schimmer jenes Ur-Sinns aufleuchtet, der „im Anfang war" und die ganze Schöpfung durchglüht, und sei der Schimmer im Hier und Jetzt seines Augenblicks noch so winzig, kehrt Ruhe in unser Herz ein und befriedet auf Über-Tier-Ebene die Unrast unserer Person. Nur dann ist es „stimmig": das Unterwegssein – in Rückgebundenheit, das Dasein – im Auftrag eines höheren Willens, das Leben, das nicht umsonst („für nichts") gelebt wird.

Wie aber findet der Mensch einen solchen „Sinn-Schimmer" im Nebel seines begrenzten Begreifens? *Frankl* kam auf Grund umfassender Studien an seelisch gesunden und seelisch kranken Menschen zu dem Ergebnis, daß drei Vollzugsareale besonders „sinnpotent" sind. Nämlich der weite Bereich aktiv-kreativer Betätigung, der ähnlich große Bereich kontemplativ-rezeptiver Hingabe, und schließlich die tapfere, würdige Passion unabänderlicher Schicksalsschläge. Die Verwirklichung von *schöpferischen Werten*, *Erlebniswerten* und (wenn es sein muß) *Einstellungswerten*, wie er sie nannte, garantiert gleichsam ein Leben voller Sinnbezüge. Kein leichtes, kein bequemes Leben, dennoch eines, das zutiefst bejaht und am Ende in Dankbarkeit zurückgelegt werden kann.

Beispiel „Berufsausübung"

Betrachten wir die drei Vollzugsareale am Beispiel der Berufsausübung. Jeder Beruf bietet neben dem Gelderwerb Gelegenheiten für schöpferische Wertverwirklichungen. Freilich gewähren manche eintönigen Berufssparten nur geringfügige Spielräume. Andere verlangen sogar ausgesprochene Erfindungsgabe und Innovationskraft. Wie dem auch sei, immer ist das einzigartig-personale Element im Ausüben eines Berufs mitenthalten. Ersetzbar sind Menschen lediglich in ihrer Funktionalität, nie in ihrer Personalität. Kein Lehrer etwa ist identisch mit einem anderen Lehrer oder wäre durch einen anderen vollkommen austauschbar. Jeder einzelne ist auf seine Weise eine einmalige, unwiederholbare Arbeitsplatzbesetzung mit allen Chancen, die darin liegen, das objektiv zu Leistende mit individuell-subjektiven Zutaten „eigener Note" einzufärben.

Dafür verlangt jeder Beruf ein inneres Bei-der-Sache-Sein, ein geistiges Präsentsein mit Kopf und Herz. Fehlt es, kann sich kein Erfolg einstellen, nicht einmal bei der primitivsten Akkordarbeit. Wahrhaft präsent aber sind wir allein in der Hinwendung zu etwas oder jemandem, der oder das uns nicht gleichgültig ist. In der Indifferenz entgleitet uns das Essentielle dessen, worum es bei der jeweiligen Aufgabenstellung geht. Ein Fensterputzer etwa kann seine Arbeit mit Freude oder mit Widerwillen verrichten, je nachdem, ob er strahlende Sauberkeit schätzt oder nicht. Im Widerwillen jedoch werden weder er noch die Fenster profitieren.

Und jeder Beruf verlangt Opfer. Damit ist kein Übertriebenes-sich-Aufreiben oder Sich-ausbeuten-Lassen gemeint, sondern das Not-Wendige, das eine Not wendet. Not, wie sie mit allen „Ecken der Welt" unweigerlich verbunden ist. Es gibt keine (Berufs-)Tätigkeit, die nicht Welt verändert. Ob allerdings zum Guten, ist nicht automatisch gesagt. Soll es zum Guten sein, hat dies seinen Preis: Eigenes muß irgendwo und irgendwann zurückstehen. Zeit und Energien müssen verströmt, Rückschläge verkraftet, Durststrecken ausgehalten werden. Je tüchtiger ein Meister seines Faches ist, desto einsamer ist er oft. Die großen, bahnbrechenden Vorreiter der Menschheit wie Erfinder, Künstler, Ärzte etc. haben ihr Bestes unter Qualen „geboren".

Was ist demzufolge schon beim weichenstellenden Vorgang der Berufswahl zu empfehlen? Nun dies: „Gehe in die Stille! Schirme dich von sämtlichen deine Ohren umzischelnden Einflüssen ab und löse dich von berechnenden Kalkülen, die das Leben mit Leichtigkeit zerschlagen kann. Horche statt dessen auf diejenigen Fähigkeiten in dir, die nach Aufblühung drängen. Frage dich, welche Liebe in dir wohnt, Liebe wozu? Und überlege ernsthaft, wofür du notfalls dein Wertvollstes opfern würdest. Habe dabei Geduld. In einer besonderen Stunde werden aus der „unzufriedenen" Dimension deiner Menschlichkeit geheimnisvolle Bilder in dir aufsteigen. Was zeigen sie dir? Einen Hauch von Schmerz? Wohlan, raffe dich auf, ihn zu lindern! Einen Traum von Licht? Wohlan, laß dich begeistern! Zögere nicht an den Schwellen auftauchender Hindernisse! Zufriedenheit ist das Ende des Weges, nicht sein Anfang. Der Anfang ist das ungestüme Verlangen, das allerinnerste Bild, das uns eingehaucht ist, in der äußeren Realität einer unvollendeten – uns überantworteten – Schöpfung zu seiner Verwirklichung zu bringen und damit den Sinn unserer Existenz zu erfüllen."

Was für die Berufsausübung gilt, gilt analog für Haushalt, Kindererziehung, Hobbys, Ehrenämter, künstlerisches Wirken oder sportliche Betätigungen. Es brauchen keine spektakulären Projekte zu sein, die in Bewegung gesetzt werden, es genügt das Detail, dem man sich ernsthaft zuwendet, damit es sich im richtigen Moment am richtigen Ort einfüge. Wenn ein Mechaniker eine Radschraube nicht festzieht, fehlt dieses Detail. Wenn ein Kind mittags kein warmes Essen bekommt, weil niemand zu Hause ist, fehlt wiederum ein Detail. Und wenn ein alter Mensch vereinsamt, weil keiner für ihn Zeit hat, fehlt noch ein Detail ... *Welches* Detail es ist, zu dem wir *wann* gerufen sind – dies zu entschlüsseln, bedeutet wahre Lebenskunst.

Unsere primäre Motivation

Wir sagten, daß im Unterschied zum Tier für uns Menschen alles im Zeichen des Fragens und Hinterfragtwerdens steht. Das zeigt sich an guten wie an schlechten Tagen. An den guten bricht – mitunter verdeckt – die Frage auf: „Wozu leben?" Es ist seltsam genug, doch nachweislich verführt gerade das angenehme Leben zu den unsinnigsten Exzessen, ödesten Sonntagen und lächerlichsten Beziehungskrächen. An den schlechten Tagen wiederum lautet die drängende Frage: „Wozu leiden?" Keiner versteht, daß es ausgerechnet ihn treffen muß. Keiner findet sich mit seinem Unglück problemlos ab. Sie ist schon eine *magische* Frage, diese spezifisch humane Frage „wozu?".

Frankl erkannte sehr früh, daß die Frage „wozu?" nicht mit einem Hinweis auf das Selbst und dessen Belange hinreichend beantwortet werden kann. „Wozu lebe ich?" „Damit es mir gut geht", – „Wozu leide ich?" „Damit ich reife" ... Solche Antworten liefern kein tragendes Lebensmotiv. Eine Antwort auf die Sinnfrage muß das Selbst übersteigen, um auf „Über-Tier-Ebene" angenommen werden zu können. „Wozu lebe ich?" „Um eine positive Entwicklung meiner Kinder zu gewährleisten", – „Wozu leide ich?" „Um anderen Leidenden Mut machen zu können" ... Mit solchen Antworten ist ein Mensch zufrieden, zumindest eine Weile. Solange, bis veränderte Situationen in ihrem Hinterfragtwerden neue Antworten von ihm erfordern. *Frankl* sprach in diesem Zusammenhang von *der primären selbsttranszendenten Motivation* des Menschen, die grundsätzlich über das Ich hinaus die Förderung und Verwirklichung weiterer Werte umgreift.

Erst im Verfehlen einer selbsttranszendenten Antwort auf die allermenschlichste Frage schlechthin, auf die Sinnfrage, verbiegt sich die Motivation des Menschen in Richtung sekundärer Motive wie Luststrebigkeit, Erfolgsstrebigkeit, Machtstrebigkeit etc. Wo scheinbar nichts Wichtiges und Wertvolles jenseits des Ichs existiert, dort fällt der Betreffende in die pure Selbstbesorgtheit zurück. Das Sekundäre setzt sich dann auf den vakant gebliebenen Platz des Primären. Damit aber wird niemand froh, weil es nur für Eisbären und Konsorten genügt, ihre Bedürfnisse nach Nahrung, Schutz, Bewegung usw. zu stillen, nicht aber für ein „auch geistiges" Wesen, das von der Überzeugung beseelt ist, daß mehr am Leben daran sein muß als Essen, Schlafen, Sich-Fortpflanzen und Sterben.

Aus der Psychopathologie wissen wir, daß nicht nur sekundäre Motive, sondern auch seelische Krankheiten ins Sinn- und Wertevakuum hineinwuchern. *Frankl* hat darauf aufmerksam gemacht, daß sogar die meisten Selbstmorde eigentlich nicht aus dem Schmerz eines Unglücklichseins heraus geschehen, sondern weil vermeintlicherweise nichts mehr da ist, wofür es sinnvoll wäre, den Schmerz durchzuhalten. Diese Erfahrungstatsache rollt ein diagnostisches Erschwernis auf, dem in der Fachwelt bislang kaum Beachtung geschenkt worden ist. Wie kann beim Vorliegen einer seelischen Krankheit auseinanderdividiert werden, ob sie einfach auf Grund ihrer Verursachungsfaktoren zustande gekommen ist, oder ob sie ohne ein vorhergehendes Sinn- und Wertevakuum im Leben des Kranken trotz allerhand Verursachungsfaktoren *nicht* ausgebrochen wäre? Das ist rückblickend kaum zu sagen. Deshalb müssen wir vorausblickend im Umgang mit sensiblen und gefährdeten Menschen die Sinnfrage sehr ernst nehmen und ihr in Prävention und Rückfallprophylaxe den hohen Stellenwert einräumen, der ihr gebührt.

Die noogene Depression

Besteht bei jemandem ein Sinn- und Wertevakuum über längere Zeit, kann es sich zur noogenen Depression verdichten. Dabei wird die pausenlose „Unruhe des Herzens" mißverstanden und nicht selten mittels Nihilismus und Zynismus abgewürgt. Typische Symptome der fortschreitenden Depression sind ein gravierendes Defizit an Einsatzbereitschaft, Interessen und Initiativen, ferner Zweifel an allem, Leere- und

Überflüssigkeitsgefühle, Gleichgültigkeit gegenüber sich und anderen, Flucht in diverse Arten von Betäubung und seelische Starre. Allerdings variieren die Symptomakzente in den verschiedenen Lebensaltern.

Junge Menschen sind selbst in der noogenen Depression noch gedämpft aggressiv. Sie bäumen sich gegen das Nichts empfundener Wertlosigkeit auf, das ihnen die Kehle zuschnürt. Riskante, radikale, zerstörerische Aktionen wechseln mit der Hoffnungslosigkeit einer „No-future-Mentalität", absurde Kontrapositionen wechseln mit kindisch-herausforderndem Protest. Häufig wird mit rührender Naivität am falschen Markt nach Vorbildern gesucht, die Halt und Richtung vermitteln könnten. Sie haben etwas Verlorenes an sich, diese jungen Kerle, die mit Brachialgewalt oder Verweigerung protzen, weil sie sich so unbeschreiblich schwach, unwichtig und elend fühlen.

Im mittleren Lebensalter drückt sich die noogene Depression eher im Enttäuscht-, Ausgepowert- und Ausgebrannt-Sein aus. Charakteristisch für die Krise der Mitte ist das vorherrschende Gefühl des Zu-kurz-gekommen-Seins und der Lebensversäumnisse nach dem Motto: „Das kann doch nicht alles gewesen sein?" Der verkrampfte Heißhunger nach pulsierendem Leben erzeugt irreale Aussteigerphantasien, die jede erzwungene Rückkehr in die Realität unerträglich machen. Seitensprünge aller Art sollen kurzfristig aufpeitschen und den schalen Geschmack geschwundener Lebenswürze übertünchen. Als Ergebnis bleiben zerscherbte Träume und Illusionen zurück.

Mit fortschreitendem Alter wird der Rückzug vom Kämpferischen in die Resignation immer stärker. Der noogen depressive alte Mensch ist verbittert, stumpfsinnig oder böse, nörglerisch oder verstummt. Er schmettert jeden Ermutigungsversuch von außen ab. Sein Horizont engt sich extrem ein. Er tritt geistig weg, viel früher, als es von seiner schrumpfenden Hirnkapazität her sein müßte. Er will nicht fühlen und denken, verabsentiert sich von der Welt, die er anklagt, ihm schuldig geblieben zu sein, wozu er sich in Freude bekannt hätte. Er verdammt sein Leben, das gewesene und das gegenwärtige; Zukunft kennt er sowieso nicht mehr.

Diese Kurzskizzierungen mögen verdeutlichen, was im Wertevakuum welkt: nichts Geringeres als die Liebe. Jene Liebe, die unser Bestes hervorlockt. Denn im „etwas oder jemandem zuliebe" quellen ungeheure Kräfte aus uns hervor, die wir ohne Liebesbezug niemals aufbrächten, und analog setzt das Geliebtwerden unsere schönsten Talente frei, weil einer da ist, der sie vorwegnehmend erschaut und aus uns „heraus"glaubt. Im Wertevakuum jedoch sind derlei Bezüge gekappt: wer sich keiner Sache und keiner Person zuliebe aus der Eigenverhaftung löst, gerät ins Niemandsland, in dem auch kein liebendes Auge dessen eigene beste Gestalt mehr erspäht. Die noogene Depression ist sozusagen die tragische und unnötige Verkümmerung des Besten in uns.

Abgrenzung zu anderen Depressionsformen

Im Kontrast zur bisher geschilderten Problematik stellt die *endogene Depression* kein unnötiges Leiden, sondern ein schicksalhaft auferlegtes dar, nämlich eine Erbkrankheit. Sie entsteht durch eine phasenweise wiederkehrende Hemmung im Neurotransmitterfluß an den Synapsen der Nervenzellen, woran weder Lebensstilfaktoren, noch Milieueinflüsse schuld sind. Die während dieser Phasen beobachtbare Werteblindheit der Kranken ist demnach nicht die Ursache, sondern die Folge ihrer Krankheit, einer Krankheit, bei der die spezifisch humane, geistige Dimension des Menschen durch eine organische Funktionsstörung vorübergehend teilweise oder gänzlich blockiert wird.

Obwohl die Unansprechbarkeit für Wert- und Sinnfragen in der endogenen Depression den Zuständen in der noogenen Depression ähnelt, gibt es Unterscheidungsmerkmale. Der endogen Depressive verspürt kraft der Blockade seiner Geistigkeit keine „Unruhe des Herzens". Er könnte mit Werten gar nichts anfangen, denn im Krankheitsfall steht er irgendwie „jenseits" allen Wertverständnisses. Er leidet nicht am Fehlen einer Antwort bzw. der richtigen Antwort, sondern am Nichtfragen-Können; ihm mangelt es an der Sehnsucht, nicht am Gestilltwerden der Sehnsucht. Hier sind entsprechende Medikamente indiziert, um die Schwere der Blockade zu mindern und die Person durch die fast unerträgliche Zeit seelischer Gelähmtheit und wahnhaft-dräuender Negativismen heil hindurchzulotsen. Ist die Depressionsphase abgeklungen und der Zugang zu einem sinnerfüllten Leben wieder offen, steht einer Renaissance sämtlicher Wertbezüge absolut nichts im Wege – die Person ist wieder ganz sie selbst.

Völlig anders präsentiert sich das Krankheitsbild der *reaktiven Depression*. Genaugenommen liegt bei ihr keine Werteblindheit, sondern ein massiver Werteverlust vor. Ein nahestehender Angehöriger, ein wichtiger Arbeitsplatz, ein Stück Gesundheit, Sicherheit, Besitz oder Heimat sind verloren gegangen, und reaktiv darauf, unter der Wucht des Schmerzes, kommt es zu einer Abwendung von den übrigen Werten, die das Verlorene nicht ersetzen können. Oft büßt der Betreffende für ein zuvor abgelaufenes „Vergötzungsdrama". Was er überbewertet hat, etwa nach dem Motto: „Ohne dich kann ich nicht leben", das will er um keinen Preis hergeben, und wird es ihm gewaltsam entrissen, versinkt er in endloser Trauer. Trotzig verleugnet er dann die Tatsache, daß andere Sinn- und Wertperspektiven seines Lebens durchaus noch intakt und ausbaufähig wären, oder scheut neue Bindungen, die aufs Neue durchschnitten werden könnten.

Auch von solch reaktiver Problematik muß die noogene Depression sorgfältig abgegrenzt werden, weil beide Verstimmungen unterschiedliche therapeutische Ansätze erfordern. Betrachten wir als Beispiel den sogenannten „Pensionierungsschock". Steckt eine reaktive Depression dahinter, so weint ein Mensch seinem beruflichen Wirken nach, das bis vor Kurzem seinen wesentlichen Lebensinhalt bedeutet hat. Steckt eine noogene Depression dahinter, so weiß ein Mensch mit der plötzlich üppig gewordenen Freizeit nichts anzufangen. Im ersten Fall ist Verabschiedungshilfe zu leisten; eine Hilfe zum Loslassen in Dankbarkeit für das Gewesene und in nachgereichter Freiwilligkeit. Im zweiten Fall ist zur Kreativitätsakrobatik aufzurufen und Beistand bei der Fahndung nach sinnvollen Zukunftsvorhaben anzubieten. Natürlich können sich im Pensionierungsschock beide Problemfelder überlappen und sogar mit weiteren kreuzen, doch eines ist stets das Hauptproblem, das auf seine Lösung wartet, ohne die die Depressivität des Betreffenden nicht aus den Angeln zu heben ist.

Ergänzungshalber einige Worte zur *neurotischen Depression*. Die Neurose ist – auch in ihrer depressiven Spielart – durch eine reduzierte Wertesensibilität auf Grund erhöhter Egozentrizität charakterisiert. Eine irrationale Angst um sich selbst läßt keinen Raum für das Wertvolle außerhalb von sich selbst. Beim Neurotiker dreht sich alles um das Schützenwollen des eigenen Ichs, das als gefährdet, bedroht, abgelehnt, mißachtet, sowie in jeder Beziehung als unfähig eingeschätzt wird. Das ständige Kompensieren „müssen" seines niedrigen Selbstwertes läßt ihm keinen Atem zur gesunden Selbstvergessenheit, die angstverbrämte Unsicherheit und Zögerlichkeit versperrt ihm das Wagnis sinnerfüllender Hingabe. Wo der endogen Depressive (kraft einer geistigen Blockade) phasenweise nicht nach Sinn suchen *kann*, und der reaktiv Depressive (kraft eines schmerzlichen Verlustes) nicht mehr nach Sinn suchen *will*, dort sucht der Neurotiker *das Falsche*: Sicherheit, Anerkennung, Zuwendung, Entlastung ... statt Sinn.

Zur Therapie der noogenen Depression

Für die Diagnostik ist somit festzuhalten, daß der noogen Depressive

1) weder schicksalhaft unumgänglich werteblind ist (wie der endogen Depressive in der Krankheitsphase),
2) noch kurz vor Krankheitsausbruch einen großen Wert verloren hat (wie der reaktiv Depressive),

3) noch vorrangig an den Folgen überzogener Ängste und Minderwertigkeitsgefühle leidet (wie der Neurotiker).

Vielmehr sehnt er sich vehement nach Sinn in seinem Leben, fragt nach „letzten Dingen", will für etwas gut sein, und findet nichts. Daraufhin verbarrikadiert er seine Seele und stagniert in der Orientierungslosigkeit. Die Freude verläßt ihn. Die Kraft flieht ihn. Das Ja zur eigenen Existenz erstirbt ihm im Munde. Er kapituliert, gibt sich auf, bewegt sich innerlich nicht mehr und „vegetiert" bloß noch dahin.

Überlegen wir, wie eine Gesprächsführung beschaffen sein müßte, um einen solchen Kranken in das Stadium vor seiner Kapitulation zurückzuhieven und die Möglichkeit der Sinnfindung bei ihm zu intensivieren. Unter welchen Bedingungen steigen seine Chancen zur Auffüllung des Wertevakuums? Ich möchte sagen, unter einer therapeutischen *Stimulation des Anfangens, des Schauens und des Vertrauens*. Warum? Bedenken wir folgendes Gleichnis. Jemand hat beim Einkaufen einen Geldschein verloren. Er trifft einen Freund und erzählt ihm von seinem Mißgeschick. Welche Antworten des Freundes würden die Geldscheinsuche bremsen oder gar stoppen? Hier einige Vorschläge:

1) „Das bißchen Geld lohnt den Aufwand nicht!" (Das *Anfangen* des Suchaktes wird unattraktiv.)

2) „Der Schein ist so klein, den findest du nie!" (Entmutigung, danach *Ausschau* zu halten.)

3) „Der Schein ist schon längst nicht mehr da!" (Unterhöhlung des *Vertrauens* in seine Wiederfindung.)

Drehen wir jetzt den Spieß um. Welche Antworten des Freundes würden die Geldscheinsuche anregen? Hier die Alternativvorschläge:

1) „Es wäre wirklich schade um das Geld!" (Förderung der Entscheidung, mit dem Suchen *anzufangen*.)
2) „Der Schein ist bestimmt noch vorhanden!" (Stärkung des *Vertrauens* in die Richtigkeit der Suche.)
3) „Komm, wir suchen ihn gemeinsam!" (Verdoppelung der *Schaukapazität* und damit der Fündigkeitschance.)

Ganz ähnlich verhält sich der Logotherapeut bei der Behandlung noogen depressiver Patienten, nur daß es um viel mehr als um einen vermißten Geldschein geht. Er sendet die Botschaft aus: „Dein Leben ist kostbar! Es hat garantiert einen Sinn!" Und: „Ich helfe dir, danach zu suchen!" Er thematisiert wertvolle Begegnungen im Leben des Kranken und unterstreicht ihre Bedeutung, hebt sie quasi aus dem Nebel des Unbewußten. Dazu spricht er mit dem Patienten nicht über den Patienten, sondern eben über Inhalte in dessen „kleiner Welt". Selbstverständlich kennt der noogen Depressive diese Inhalte auch, doch sind sie für ihn ohne Belang. Das logotherapeutische Gespräch taucht sie in helles Licht und umgibt sie mit der Aura des Besonderen.

Reinhard Tausch von der Universität Hamburg hat 1996 zwölf Untersuchungen an 1200 Testpersonen durchgeführt zu der Fragestellung, wann zwischenmenschliche Gespräche als zutiefst hilfreich erlebt werden. Das übereinstimmende Resultat aller Untersuchungen lautete: *Wenn sie neue Perspektiven eröffnen.* 64 % der Testpersonen drückten es in etwa folgendermaßen aus: „Wenn man durch das Gespräch beginnt, die Gegebenheiten in einem anderen Licht zu sehen. Wenn bisher unbemerkte Gesichtspunkte eines Problems auftauchen. Wenn überraschende Argumente einen zum Lächeln bringen. Wenn man ausprobieren lernt, seinen inneren Standort zu wechseln ..." Exakt auf dieser Schiene laufen die logotherapeutischen Gespräche mit noogen depressiven Kranken ab: die Menschen werden zum wahren Menschsein neu eingeladen.

Beispiel „Stimulation des Anfangens"

Eine junge Frau ging nach ihrem Abitur nach Griechenland auf Abenteuertrip und verliebte sich dort in einen Mann, der Natur- und Bergfilme drehte. Sie assistierte ihm bei der Arbeit und wohnte mit ihm zusammen. Nach einem Jahr trennte sie sich jedoch von ihm und kehrte nach Deutschland zurück. In der Heimat entwurzelt und ihrem Bekanntenkreis entfremdet fiel sie bald in ein „finsteres Loch", in eine schwere Depression. Trotz guter Impulse seitens ihrer Mitwelt raffte sie sich zu gar nichts auf. Schließlich zogen mich ihre besorgten Verwandten zu Rate.

Zunächst galt es zu prüfen, welche Form von Depression vorlag. Immerhin war der griechischen Liebesromanze kein „happy end" beschieden gewesen, so daß reaktiv-depressive Elemente erwogen werden mußten. Es zeigte sich aber, daß die junge Frau recht froh war, sich von ihrem älteren Freund gelöst zu haben, weil er sie bevormundet und eingeengt hatte. Seine Rollenerwartung an sie hatte mit ihrem Frauenbild nicht harmoniert. Auch fand sich kein Anhalt für eine Endogenität der Depression. Statt dessen war das Wertevakuum im Leben der jungen Frau unübersehbar. Sie hatte kein Ziele, keine Träume, keine Leidenschaften, wollte nicht mehr auf die Schulbank zurück, wußte beruflich nicht weiter und hatte das Gefühl, in jeder Hinsicht den Anschluß verpaßt zu haben. Sie war in einer noogenen Depression versunken.

Da ihr sowohl die Zukunft, als auch die Gegenwart sinnentleert dünkten, wandte ich mich ihrer Vergangenheit zu und konfrontierte sie mit einer zentralen Frage: „Sagen Sie, was war die intensivste und erfüllteste Zeit in ihrem bisherigen Leben?" Es ist für jedermann spannend, seine „Höhenflugzeit" zu lokalisieren und ein mit ihr verbundenes einstiges Engagement unter die Lupe zu nehmen, denn fast immer tritt etwas zutage, das sich wenigstens in Variationen revitalisieren läßt. Auch die junge Frau besann sich nicht lange und erklärte, daß ihr die Mitwirkung beim Filmemachen große Freude bereitet hätte. Sie erzählte von den Bergziegen, die sie stundenlang, am Felsen kauernd, beobachtet hatte, um gewisse Szenen zwischen Muttertier und Zicklein einzufangen, und von der Genugtuung, sogar an sehr windigen Tagen klare und brauchbare Filmstreifen produziert zu haben. Offenbar besaß sie ein gutes Gespür für Aufnahmen, und dazu noch ein Geschick für die zu handhabende Technik.

Die Überlegung irgendeiner Reaktivierung ihrer damaligen Betätigung im Hier und Heute ergab sich wie von selbst. Nur wußten wir beide nicht, welche Chancen sie für eine Kontaktaufnahme mit der Filmbranche in Deutschland hatte. Deshalb erhielt sie die „Hausaufgabe", sich rundum danach zu erkundigen. Der Endeffekt war, daß sie beschloß, sich zum Studium an einer Regisseurakademie zu bewerben, und daß sie emsig begann, die dafür geforderten Probefilme, Fotos und Interviews vorzubereiten. Alsbald drehten sich unsere therapeutischen Gespräche nur noch um eindrucksvolle Gegenden, seltene Tierarten oder altes Brauchtum, dem sie mit der Kamera zu Leibe rücken wollte. Ihre depressive Stimmung schwand zusehends.

Eines Tages stellte ich die Möglichkeit zur Diskussion, daß sie an der Akademie abgewiesen werden könne. Sie erklärte, sich in diesem Fall ein zweites Mal bewerben zu wollen. Sie habe inzwischen ihren Lebensweg vor Augen und werde sich nicht leicht einschüchtern lassen. Außerdem, fügte sie hinzu, sei auch das Jahr in Griechenland kein verlorenes gewesen, denn es habe sie, wenngleich mit Schmerzen, auf ihren Weg gebracht. Es sei, so gesehen, ein „Berufsfindungsjahr" gewesen. Solange sie dies nicht begriffen hätte, habe sie keinen seelischen Elan für eine neue Zielstrebung aufgebracht. Doch jetzt habe sich der Bogen zwischen ihrer Vergangenheit und ihrer Zukunft wieder geschlossen und sie fühle sich mitten darin in einem gesunden Gefordertsein wohl. Da wußte ich, ich konnte sie geheilt aus der Therapie entlassen.

Beispiel „Stimulation des Schauens"

Eine ältere Dame war in ein Seniorenstift umgezogen. Früher hatte sie in der Verwaltung eines großen Konzerns gearbeitet, war aber mit der Computerumstellung nicht zurechtgekommen und hatte dementsprechend gerne ihren Abschied vom Berufsleben genommen. Den Umzug ins Heim hatte sie schwungvoll bewältigt. Doch mit der Zeit empfand sie sich als überflüssig, ungeliebt und ungebraucht. Sie schloß sich in ihr Zimmer ein, verweigerte häufig das Essen und drohte zu vereinsamen. Der zuständige Heimarzt verschrieb ihr Antidepressiva, die sie ebenfalls ablehnte. Er bat mich um logotherapeutische Unterstützung.

Nach einem ausführlichen Erstgespräch mit der Patientin war ich sicher, daß sie an einer noogenen Depression mit „Vakatwucherungen" (*Frankl*) litt. Wir sagten schon, daß praktisch alle seelischen Entgleisungen ins Wertevakuum hineinwuchern können; im vorliegenden Fall waren es nun der Rückzug in die Verweigerung, das Eß- und das Beziehungsproblem.

Bei dieser Patientin wählte ich eine andere zentrale Eröffnungsfrage als bei der jungen Frau aus dem vorhergehenden Beispiel. Denn im Alter ist vieles wirklich nicht mehr lebbar und auflebbar, was früher einmal große Freude bereitet hat, wie sportliche Aktivitäten, Handwerk, Reisen, familiäre Unternehmungen etc. Deshalb gilt es, die zu eruierenden Sinnperspektiven hauptsächlich aus dem gegenwärtigen Dasein herauszufiltern und weniger aus der Historie. Meine zentrale Frage an die ältere Dame lautete: „Was geschieht rings um Sie?"

Die Frage klingt simpel, doch ihre Beantwortung ist schwierig. Im Alter wird der Radius, innerhalb dessen man sich bewegt, eng. Genaugenommen bestand die kleine Welt der Patientin aus ihrem Zimmer, eingegliedert in das Seniorenstift, und aus der Hauptstraße vor dem Gebäudekomplex. Das war unsere ganze „Suchlandschaft", und somit sprachen wir über alles, was sich darin befand. Ich lehrte die Patientin, ihre kleine Welt mit geistig wachen Sinnen zu durchschreiten. Was gab es auf der Straße? Welche Menschen? Welche Geschäfte? Was zog ihre Aufmerksamkeit auf sich? Was brachte einen feinen Ton in ihr zum Klingen? Sie erwähnte einen Blumenladen, vor dem sie öfters verweilte. Warum? Die Auslage war stets schön drapiert und geschmückt, die Blüten dufteten bis in ihre Seele hinein. Ein positiver Anfang! Das Thema „Blumen" beschäftigte uns mehrere Stunden. Eines Tages berichtete die Patientin, daß an der Auslage des Blumenladens ein Zettel klebte mit einer Einladung, an einem Knüpfkurs für Blumenampeln teilzunehmen. Die Teilnehmer würden lernen, von der Decke herabhängende Geflechte aus Jutefäden und Holzperlen anzufertigen, in die Blumentöpfe hineinpaßten. Noch zögerte die Dame, aber ich spürte das Aufflackern einer zarten Resonanz in ihr und ermutigte sie, sich für den Kurs anzumelden. Was konnte schon schief laufen?

Nichts lief schief, im Gegenteil. Sie fabrizierte eine aparte Blumenampel, aus der sie gelb-grün-gefleckte Efeuranken herausquellen ließ. Ihre Nachbarinnen im Heim beneideten sie darum und wünschten sich ähnliche Gehänge. Ich empfahl der Patientin, ihre frischgewonnenen Kenntnisse nicht bloß für sich allein zu verwenden, und es dauerte nicht lang, da hatte sie eine ellenlange Bestell-Liste vorliegen ... Das Produzieren der Blumenampeln wurde zu ihrer besten Ergotherapie und sorgte außerdem für soziale Kontakte: mit den Jutefäden knüpfte sie zugleich auch zwischenmenschliche Beziehungen.

Zur kleinen Welt der Patientin gehörte auch ihr Zimmer. Was darin hatte Bedeutung für sie? Sie war keine Anhängerin des Fernsehens, hörte sich aber gelegentlich Radiosendungen an. Befragt nach dem bevorzugten Genre zählte sie Reportagen, allgemeinbildende und volkstümliche Sendungen auf. Ich lenkte unsere Gespräche auf die dabei angerissenen Themen in der Hoffnung, daß sie ihr Bildungsniveau noch etwas anheben würde. In der Tat stieg sie darauf ein und lauschte bewußter als zuvor den Angeboten des Hörfunks. In diesem Zusammenhang wurde sie durch eine Sendung über verwirrte alte Menschen, die manchmal nicht mehr nach Hause finden, wenn sie ihre Wohnungen verlassen haben, zu anhaltender Nachdenklichkeit stimuliert. „Glauben Sie, daß auch in unserem Seniorenstift solche Leute sind?" fragte sie mich, und ich nickte. „Wahrscheinlich. Sie können sich ja beim Personal erkundigen. Für solche Menschen wäre es eine immense Hilfe, wenn jemand sie begleiten würde, z.B. zum Friseur oder zur Fußpflege. Dann würden sie nicht verzweifelt umherirren, wenn sie sich in den Gängen des Gebäudes plötzlich nicht mehr auskennen."

Meine Patientin trug diese Anregung eine Weile in sich, dann raffte sie sich auf und erforschte die örtliche Situation. In ihrem Wohntrakt stieß sie auf vier hochbetagte Damen mit dem genannten Orientierungsproblem und erbot sich, jede von ihnen einmal wöchentlich zu einem Ausgang abzuholen und wieder heil im Zimmer abzuliefern. Drei nahmen das Angebot glücklich und dankbar an – was wiederum meine Patientin beglückte. Wer austeilt, dem wird eben gegeben -

Zuletzt half der Zufall bei der Therapie mit. Im Zuge eines geplanten Umbaus des Seniorenstiftes, bei dem eine Etage aufgestockt werden sollte, wünschte der leitende Architekt eine Rückmeldung seitens der Heimbewohner zu bautechnischen Details der Naßräume, Lichtverhältnisse, Balkone u. a. mehr. Eine Arbeitsgruppe sollte ihm diesbezügliche Anliegen aus der Alltagserfahrung heraus vortragen. Meine Patientin wagte es, sich der Arbeitsgruppe anzuschließen, und entdeckte dabei, wieviel Spaß es ihr machte, an den Umbauten – wenn auch minimal – mitzuwirken. Ihr Selbstbewußtsein wuchs und ihr „Heimatgefühl" etablierte sich an ihrem Alterswohnsitz. Seit langem schon aß sie völlig normal, aber beim Pläneschmieden verflog der Rest ihrer einstigen Depression mit einem Schlag.

Ich habe diese Fallgeschichte vor allem deshalb dokumentiert, weil sie in rührender Weise offenbart, wie viele großartige Sinnmöglichkeiten in der kleinen Welt einer ältlichen Rentnerin verborgen schlummern! Und wie sehr jene Sinnofferte der Welt aus sich selber heraus „rufen", um bemerkt und ergriffen zu werden! Auf der Straße vor dem Heim enthüllte sich eine Sinnmöglichkeit in Gestalt der Ausschreibung des Knüpfkurses im Schaufenster eines Blumengeschäftes. Im Zimmer der Dame enthüllte sich eine Sinnmöglichkeit in Gestalt des Radiosprechers, der über desorientiert-verwirrte Personen berichtete. Im Büro des Seniorenstiftes enthüllte sich eine Sinnmöglichkeit in Gestalt der Bitte des Architekts um Rückmeldung. Der Sinn *enthüllt sich*, wieder und wieder und überall, wie eingeschränkt unsere Lebensbedingungen auch sein mögen; bloß, ein bißchen *Erschauen, Erhorchen, Erfühlen* müssen wir schon dazu beitragen. Und Ja sagen müssen wir zum jeweils Erschauten, Erhorchten, Erfühlten. Wer sich abschottet, wer im Nein verharrt, verdorrt im Vakuum.

Beispiel „Stimulation des Vertrauens"

Eine Frau mittleren Alters kam in einem Bildungshaus in Norddeutschland, in dem ich Seminare leitete, auf mich zu. Sie wünschte nach dem Abendessen noch eine persönliche Beratung, und obwohl ich müde war, erklärte ich mich einverstanden. Tags darauf fuhr ich nach München zurück.

In unserem Abendgespräch beklagte sie sich über ihr Leben, das von monotoner Routine geprägt sei. Es fehle die „Würze". Sie sei berufstätig, habe zwei Kinder im Internat und einen Ehemann, der oft unterwegs sei. Meist pendle er zwischen London und Brüssel, und zu Hause brauche er dann Erholung und Ruhe. Sie hingegen habe zuviel Erholung und Ruhe, sitze abends vor dem Fernseher und langweile sich. In ihrer Midlife-Crisis, wie sie selbst diagnostizierte, würde sie sich hemmungslos betrinken, wenn sie Alkohol vertrüge, doch davon würde ihr todübel.

Was konnte ich ihr auf die Schnelle sagen? Das einzige, das ich tun konnte, war, Ihr Vertrauen zu stärken, daß sich zeigen werde, was ihr gewiesen ist. Sie besaß offenbar ungenützte Ressourcen und Talente, die auf einen sinnvollen Einsatz warteten. Sie war „gemeint", etwas konstruktiv zu verändern – vom Logos gemeint. Sie wußte nicht, was es sein könnte, doch der Logos würde früher oder später an ihre Haustüre klopfen. Das hieß, Sie sollte sich empfänglich halten für die Einforderung ihrer Talente. Sie sollte wachsam und achtsam durch das Leben gehen, damit sie nicht übersehe, was ihr zugedacht ist. Jeder Mensch meißelt am Antlitz der Welt, verfinstert es, erheitert es, kompliziert es, und graviert Spuren ein, die für ihn und andere Folgen haben. Aber er meißelt nicht ohne innere und äußere Bilder. Immer und auch für sie gäbe es „traumhafte" Vorlagen, die daran zu erkennen seien, daß sie ein spontanes zustimmendes Echo in ihrem Innersten auslösen würden. Sobald sie ein solches verspüre, dürfe sie keine Mühe scheuen, das Bild in die Tat umzusetzen, zwar mit gebührender Rücksicht auf ihre Familie, und doch in Selbständigkeit und Eigenverantwortlichkeit.

An dieser Stelle sei mir eine fachliche Anmerkung gestattet. Eine der modernen psychologischen Strategien lautet: Der seelisch gestörte Mensch möge ein gutes *Selbsteffizienzkonzept* entwickeln, er soll sich selbst als wirksam verstehen. Dann werde er seiner Störung besser die Stirn bieten können. Dagegen ist nichts einzuwenden, trotzdem variiert die „logotherapeutische Strategie" ein wenig. Ihr gemäß soll der seelisch gestörte Mensch den Auftrag verstehen, der an ihn ergeht, sinnvoll zu wirken. Er möge ein gutes *„Sei-effizient!-Konzept"* entwickeln ...

Jedenfalls trennte ich mich nach dem Abendgespräch von der Seminarteilnehmerin ohne irgendeine Erfolgserwartung. Zwei Wochen später erreichte mich ein Brief von ihr. Darin stand zu lesen: „Die Tür ist offen, ich habe etwas Faszinierendes gefunden! Sie haben von meinen brachliegenden Talenten gesprochen, und da fiel mir die Überschrift eines Zeitungsartikels auf, der von einem 'Talente-Tauschring' handelt. Hier ein Auszug aus dem Artikel:

Frau A. ist eine wahre Strickkünstlerin. Ihre Nachbarin, Frau B., bewundert immer wieder die kunstvollen Maschenwerke. Ein selbstgestrickter Pullover steht schon lange auf ihrer Wunschliste, aber Handarbeiten waren noch nie ihre Stärke. Und einen Pullover in Auftrag zu geben, kann sie sich nicht leisten. Ihr Wunsch muß dennoch nicht unerfüllt bleiben.

Frau A. dagegen hat Probleme mit dem Rücken und braucht dringend Hilfe im Haushalt, die sie von ihrem Gehalt jedoch nicht bezahlen kann. Warum sollen die beiden Frauen nicht die Hilfeleistungen miteinander tauschen? Frau B. putzt für Frau A. und bekommt dafür einen Pullover gestrickt. Nach diesem Prinzip funktionieren die „Talente-Tauschringe", die es inzwischen in mehreren Städten Deutschlands gibt.

Ich halte das für eine geniale Idee, gerade auch für Menschen in Nöten und Krisen. Es hat meines Erachtens viel mit dem zu tun, was Sie im Seminar „Sinnerfüllung" genannt haben. Kurzum, ich habe beschlossen, in unserem Ort einen solchen Tauschring aufzuziehen und mich dafür zu engagieren.

Aber ich möchte noch etwas anderes sagen. Nach Ihrem Seminar hatten Sie sehr müde Augen, und doch nahmen Sie sich Zeit für mich, hörten mir geduldig zu, vermittelten mir Hoffnung und Zuversicht. Das hat mir am meisten imponiert: Ihr Wille, mir zu helfen, und Ihre Überzeugung, daß ich Gutes bewirken kann. Ihre Überzeugung ist auf mich übergesprungen und hat mich aus der Lethargie herausgerissen. Ich danke Ihnen."

Nun – es sind nicht bloß psychologische „Strategien", die helfen; über allem steht das „liebende Präsentsein" einer Person. Gerade das aber können wir nicht lehren, sondern nur leben. Selber leben. Um jemanden aus dem Wertevakuum zu erretten, muß wahrlich beides zusammentreffen: ein hinreichendes Wissen und ein weites Herz. *Bernhard von Clairvaux* dürfte bereits im 12. Jahrhundert davon gewußt haben, als er schrieb: „Was täte gründliche Bildung ohne die Liebe? Sich aufblähen. Was täte die Liebe ohne gründliche Bildung? Sich verirren."

Sinnerfüllung – Affektlage – Immunlage

Gesundheit und Heilung hängen in hohem Maße von der Gesinnung und Grundeinstellung des einzelnen ab. Wird die unabdingbare Sinnhaftigkeit der eigenen Existenz angezweifelt, steht nicht nur die seelische, sondern bald auch die körperliche Gesundheit auf der Kippe. Es mutet wie eine hellsichtige Prognose *Frankls* an, als er vor mehr als einem halben Jahrhundert die These aufgestellt hat, daß ein Verblassen des Sinnerlebens das Affektivum – also die Gefühlsebene und Befindlichkeit des Menschen – belastet, und eine belastete Affektlage wiederum die Immunlage des Organismus – also die körpereigene Krankheitsabwehr – schwächt. Tatsächlich haben seither weithin beobachtbare kollektive Phänomene seiner Behauptung recht gegeben.

Rund um die Sechziger Jahre des 20. Jahrhunderts, nachdem die ärgsten Wunden des 2. Weltkrieges vernarbt und die wichtigsten ökonomischen Fundamente reorganisiert waren, brach auf Grund des raschen Fortschritts und heftiger Traditionsbrüche eine gewaltige gesellschaftliche Sinnkrise aus, die über die westlichen Industrieländer hinaus auch die Ostblockländer erfaßte und bis in die von der Zivilisation überrollten Entwicklungsländer vordrang. Sowohl Menschen, die genug, teilweise übergenug hatten, *wovon* sie leben konnten, als auch andere, die darbten, fragten sich auf einmal, *wofür* sie leben sollten, denn es entglitt ihnen die Vorstellung ideeller Inhalte, auf die hin ihr Dasein sich lohnen würde. Viele stürzten sich in panischer Flucht vor einer existentiellen Leere auf materielle Reichtümer und kurzfristige Vergnügen und landeten bei langfristig anhaltendem Dauerfrust.

In den 70er und 80er Jahren kam die durch die Sinnkrise hervorgerufene affektive Belastung zum Tragen. Es gab kaum eine seelische Irritation, die nicht prozentual in der Bevölkerung zunahm. Depressionen und Selbstmorde, Delinquenz und Alkoholismus, triebhafte Auswüchse und Familienzerwürfnisse stiegen stetig an, obwohl sich ein Heer von Ärzten, Psychotherapeuten und Sozialarbeitern um deren Eindämmung bemühte. Solange jedoch kein übergeordnetes sinnzentriertes Motiv hinter dem jeweils anzustrebenden Heilungsziel aufleuchtet, kommt der Heilungsprozeß nicht richtig in Gang. Wer hört beispielsweise mit dem exzessiven Trinken auf, wenn er nicht weiß, was er mit einem vom Alkohol befreiten Leben Vernünftiges anfangen könnte? Oder wer geht Kompromisse ein, um seine Familie zu erhalten, wenn er auf Familienharmonie keinen Wert legt?

Zum Ausklang des 20. Jahrhunderts bekamen wir nun drastisch zu spüren, daß die Immunlage des Menschen nicht zuletzt von der Qualität seiner Affektlage abhängt. Die kollektive seelische Verstimmung als Folge geistiger Frustrationen fordert auf körperlicher Ebene ihren Tribut. Unzählige Allergien als Ausdruck von „Löchern" im Immunsystem, sowie die Explosion von Viruserkrankungen, darunter des Immundefektsyndroms AIDS, sprechen eine eindringliche Sprache. Freilich ist das Immunsystem, etwa von Allergiepatienten, durch negative Umwelteinflüsse wie Luftverschmutzung vorgeschädigt, oder es kann, etwa bei AIDS-Patienten, durch bereits überstandene Infektionskrankheiten wie Syphilis oder Hepatitis-B geschwächt sein. Dennoch darf die affektive Gestimmtheit des Menschen als wesentliches Glied in der Verursachungskette nicht übersehen werden. Wobei die Gestimmtheit bei einem Lebensstil, der von einer rastlosen „Jagd nach Lust" (Promiskuität) oder einer illusionären „Flucht vor der Wirklichkeit" (Drogenmißbrauch) gezeichnet ist, was typische Vakatwucherungen eines Wertevakuums sind, eben nicht zum besten bestellt ist.

Dies alles bedeutet, daß die Heilkunst des 21. Jahrhunderts weder allein am Immunsystem von Kranken, noch lediglich in derem Gefühlsbereich wird ansetzen dürfen, und daß selbst eine Kombination von beidem nicht genügt. Gentechnik und Psychopharmaka werden ihre Limits erreichen, weil das Leibliche und das Psychische unser Menschsein nicht hinlänglich widerspiegelt. Das Geistige im Menschen, das Personale, das Gewissen, der Urwille eines sinnbegabten Wesens zum Sinn müssen in Medizin und Psychologie mitbedacht werden. Dann erst wird die Heilkunst imstande sein, die zu Heilenden zur Lebenskunst zu befähigen und ihnen ganzheitlich zu helfen.

„Noo-Psychosomatik"

Gehen wir die genannten „noo-psychosomatischen" Querverbindungen nochmals Schritt für Schritt durch, damit wir verstehen, was *Frankl* in seiner Genialität so früh erkannt und beschrieben hat.

1) Ein Scheitern bei der Suche nach Sinn verleitet zu einer enttäuschten, krankmachenden Abwendung von der Sinnfrage und einem vermehrten Streben nach Lust. Das Angenehme soll das Sinnlose kompensieren; wenn sowieso alles keinen

Sinn hat, will man wenigstens den Augenblick auskosten. (Das Sekundäre rückt an den Platz des Primären ...)

2) Just ein solches forciertes Genießenwollen verunmöglicht den Genuß, denn Freude und Glück sind nicht greifbar oder gar erzwingbar, sondern schlicht und einfach Nebeneffekte eines sinndurchwobenen Wirkens. Wenn es fehlt, sind auch die Nebeneffekte nicht zu erzielen. (Das Glück ist und bleibt ein Geschenk, das sich einstellen kann, wenn man sich selbst verschenkt – an eine Sache, eine Aufgabe, einen geliebten Menschen ..., nicht aber, wenn man Handlungen setzt um der eigenen Bedürfnisbefriedigung willen.)

3) Deshalb führt das forcierte Luststreben geradewegs zum Aufstau von Unlustgefühlen. Was ursprünglich eine existentielle Leere hätte kompensieren sollen, das füllt sie mit seelischem Unbehagen.

4) Dies verschärft die Gefahr seelischer Krisen, denn eine schlechte und instabile Gefühlslage bildet den optimalen Nährboden für seelische Störungen aller Art, egal, ob sie ins Aggressive oder ins Depressive tendieren, ins Neurotische oder ins Psychosomatische.

5) Bei letzterem sind Biofaktoren beteiligt, wie sie *Ewald* unter dem Begriff des „Biotonus" zusammengefaßt hat, und worauf *Frankl* Bezug nimmt, wenn er von einer „vitalen Baisse" im Falle eines (emotional bedingten) Absinkens des Biotonus spricht.

6) Die vitale Baisse bedeutet eine Herabsetzung der Abwehr- und Widerstandskraft des Organismus gegen äußere Krankheitseinwirkungen oder innere Verletzungen, also eine verringerte Immunität schlechthin, die logischerweise die Gefahr des Verfalls körperlicher Kräfte erhöht.

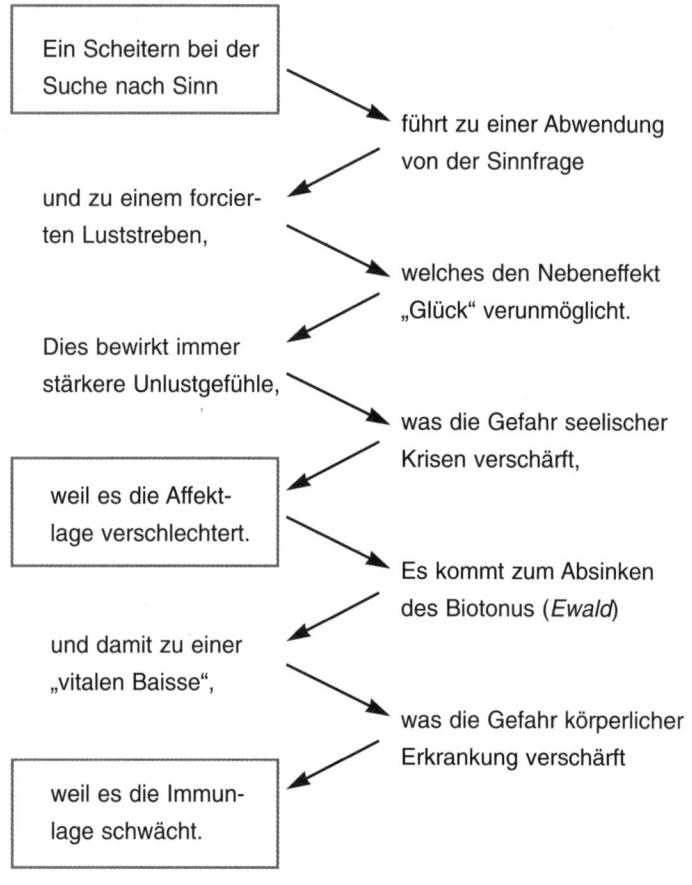

Wir sehen, ein geistiger Notstand kann sich in seelischem Schmerz und körperlichem Verfall ausdrücken und fortsetzen. Oder anders formuliert: die noogene Depression „verseucht" Psyche und Soma, leistet einer emotionalen und vitalen Baisse Vorschub.

Von der Sinnlosigkeit in den Tod

Was für das Individualleben folgenschwer ist, summiert sich in der Bevölkerung zu pathologischen Massenphänomenen, wie sie von vielen Humanwissenschaftlern der Gegenwart mit einer tiefen Sorgenfalte auf der Stirn registriert werden. Hier eine vereinfachte Übersichtstafel über derlei Konsequenzen, die, wie man sich eingestehen muß, keine allzu rosigen Prognosen erlauben (S. 38):
Abgesehen von der Verschlechterung der Affektlage (in der Skizze oben Mitte) führt das Sinnlosigkeitsgefühl im Individualleben häufig zu psychohygienisch ungesunden Lebensweisen (in der Skizze oben rechts), denn ohne sinnvolle Ziele gibt es keinen Grund zu Selbstdisziplin und Selbstkontrolle, zum sparsamen Haushalten mit den eigenen Kräften und zur freiwilligen Mäßigung bei allen Begehrlichkeiten. Man läßt sich gehen – warum auch nicht?

Geht in einem Volk ein kollektives Sinnlosigkeitsgefühl um, potenzieren sich die beiden Auswirkungen: aus der vielfach schlechten Affektlage entstehen Massenneurosen (*Konrad Lorenz*) und aus der vielfach ungesunden Lebensweise resultiert ein „vergiftetes Klima", eine toxische Umwelt (in der Skizze oben links und Mitte). Aber wer nimmt Verzichte in Kauf, die

Von der Sinnlosigkeit in den Tod

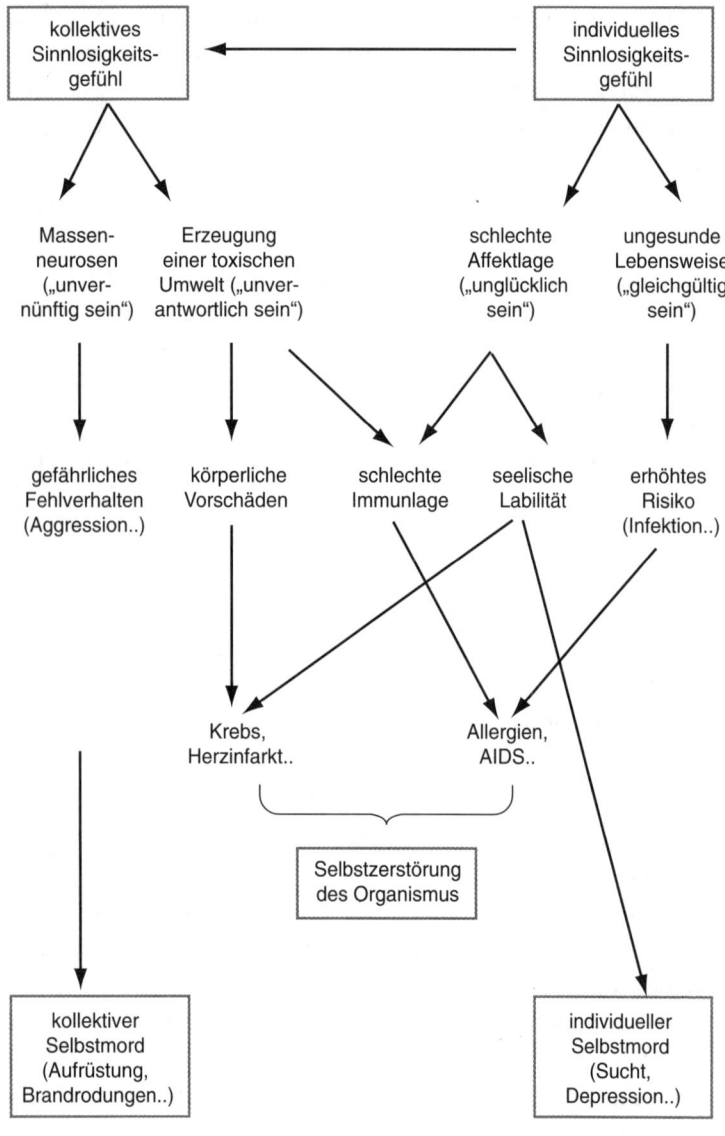

zur Erhaltung einer menschenfreundlichen Umwelt geleistet werden müßten, wenn ihm weder an der Umwelt noch an den Menschen etwas liegt, weil ihm alles egal ist?

Die weiteren Stufen brauchen kaum gesondert erläutert zu werden. Massenneurosen produzieren (wie alle Neurosen) Fehlverhalten – hier im Großen. Die toxische Umwelt zerstört gesundes Gewebe und schädigt das Leben bis tief in seine Zellsubstanz hinein. Die schlechte Affektlage des Menschen, die einer „toxischen Innenwelt" gleichkommt, bricht seinen Rest an Krankheitswiderstand, und das nicht nur im Leiblichen, sondern auch im Seelischen, und die ungesunde Lebensweise verurteilt ihn zu einem insgesamt erhöhten Lebensrisiko. Es kann fast nirgendwo anders einmünden als in einen kollektiven oder individuellen Selbstmord, bewußt oder unbewußt.

Zukunftsangst als noogene Krise

Soweit die Fakten. Aber Fakten sind kein „Fatum", kein unabwendbares Schicksal. Sie sind Warnung und Herausforderung, den schöpferischen Funken in uns neu zu entfachen, den Geist zu beschwören, der „uns eingehaucht ist", und mit seiner Hilfe aus der Fragwürdigkeit der Zukunft eine *Antwortwürdigkeit der Gegenwart* abzuleiten. Sollten die globalen Probleme ihre Lösbarkeitsgrenze beinahe schon überschritten haben, müssen unsere Antworten auf sie extrem klug und krisendämpfend gewählt werden, um wenigstens das Schlimmste zu verhüten.

Zahlreiche Menschen empfangen seit langem einen solchen „Appell der Fakten an sie" mit feinen Antennen, interpretieren ihn aber leider bloß als Anlaß zur Hoffnungslosigkeit. Beispielsweise ist um die Mitte der achtziger Jahre von der „Kath. Bundesarbeitsgemeinschaft für Beratung e.V." eine drei Jahre andauernde statistische Erhebung an 24.518 Klienten von Familien-, Ehe- und Lebensberatungsstellen durchgeführt worden. Die Klienten wurden gefragt, wegen welcher Probleme und Nöte sie sich an eine Beratungsstelle gewandt hatten. Ihre Angaben wurden nach Schwerpunktthemen sortiert und dienten als Bestandsanalyse für den Beraterkongreß im Oktober 1985 in Köln. Dabei zeigte sich, daß eines der Spitzenthemen lautete: „Sind wir ohne Zukunft?" Beängstigend häufig hatten Klienten ausgesagt, wenig Hoffnung zu haben, depressiv und apathisch zu sein, lustlos zu leben und insgesamt in einer gedrückten Dauerstimmung zu verharren, die sie am liebsten durch Ablenkung und in zeitweisem Vergessen wegschieben wollten. Es war ein alarmierendes Ergebnis für eine Epoche, in der die Wolken der Arbeitslosigkeit noch fern am Horizont schwebten, und der Wohlstand in Deutschland den Zenit kaum überschritten hatte. Würde man die Untersuchung heute wiederholen, würden die Ergebnisse vielleicht noch dramatischer ausfallen. Genaugenommen kann man jedoch der „Volksseele" nur gratulieren: es rüttelt etwas am Gewissen Tausender Menschen und ruft sie zur Umkehr, zum Umdenken auf, zum Aufwachen aus ihrer resignativen Lähmung und zum sinnvollen Handeln – sofort.

Versuchen wir, dem Phänomen der Zukunftsangst ätiologisch auf die Spur zu kommen. Ist Zukunftsangst etwas Organisches, etwas Reaktives, etwas Neurotisches? Das paßt doch alles nicht! Angstsyndrome assoziiert der Fachmann schnell mit Neurosen, doch täten wir den unzähligen Menschen, die berechtigterweise ernst in die Zukunft blicken, sehr unrecht, wollten wir sie sämtlich zu Neurotikern stempeln. Und eine organische Ursache ihrer Sorgen anzunehmen wäre absurd. Am ehesten könnte man ihre skeptisch-negative Haltung als reaktiv einschätzen, doch käme sie dann im zeitlichen Kontext um etliches zu früh, denn noch genießen wir, zumindest in den Industrieländern, einen hohen Lebensstandard, exzellente Ausbildungsangebote und die längste durchschnittliche Lebenserwartung seit Menschengedenken. Eine Zukunftsangst, die reaktiv wäre auf relativen Luxus gliche der Traurigkeit eines Mannes, der glücklich verheiratet ist und parallel dazu unglücklich ist, weil er seine Frau eines Tages verlieren könnte. So etwas kommt bei Einzelindividuen vor, aber es ist doch zu ungewöhnlich, um die Deprimiertheit ganzer Bevölkerungsschichten zu erhellen. Nein, weder eine Form von Somatogenese, noch von Psychogenese läßt verstehen, worin das Phänomen der epidemieartigen Zukunftsangst und Hoffnungslosigkeit wurzelt.

Verstehbar wird es erst als eine riesige noogene Erschütterung der Menschheit. „Sind wir ohne Zukunft?" heißt in Übersetzung: „Uns fehlt die Überzeugung, daß es sinnvoll ist, Geist und Seele, Verstand und Herz, Hab und Gut und all unsere Kraft in die Eroberung einer für uns lebbaren und würdigen Zukunft zu investieren. Wir könnten es tun, wir wären sogar bereit dazu, in einer unglaublichen gemeinsamen Anstrengung und unter schrecklichen Verzichten das Steuerrad herumzureißen, aber wir wissen nicht, ob die Welt und unser Dasein in ihr ... überhaupt Sinn haben. Was uns fehlt, ist nicht eigentlich die Zukunft, sondern der Glaube an eine 'investitionswerte' Zukunft."

Nun: ist die Zukunft „investitionswert"? Ganz bestimmt! Mehr noch, sie ist in unsere Verantwortung gelegt, sie ist unser Gestaltungsmaterial für Himmel und Hölle auf Erden! *Frankl* formulierte dies mit biblischer Eindringlichkeit: „Wenn es in der Genesis heißt, der Mensch sei am sechsten Tage der Schöpfung erschaffen worden, und am siebenten Tage habe Gott geruht, so können wir sagen: Am siebenten Tage legte Gott die Hände in den Schoß, und seither liegt es am Menschen, was er, der Mensch, aus sich macht – selber macht. Gott? wartet ab – und sieht zu, wie der Mensch die geschaffenen Möglichkeiten schöpferisch verwirklicht. Noch sind diese Möglichkeiten nicht voll ausgeschöpft. Noch wartet Gott, noch ruht er, noch ist es Sabbat: Sabbat in Permanenz."

Die Statue im Marmorblock

Daß trotz bedrohlicher Fakten uneingeschränkt sinnvolle Möglichkeiten in der Zukunft und in jeder einzelnen Lebenssituation schlummern, habe ich einmal an Hand folgenden Witzes zu verdeutlichen versucht:

Der Besucher einer Kunstausstellung frägt den berühmten Bildhauer: „Wie haben Sie bloß diese herrliche Statue geschaffen?" „Ich habe sie aus einem Marmorblock herausgeschlagen", antwortet der Meister. Woraufhin der Besucher staunt: „Na sowas, woher wußten Sie denn, daß sie da drin war?"

In der Tat war die Statue zunächst als eine wunderbare Möglichkeit existent gewesen, wenn auch nicht im Marmorblock, sondern im Kopf des Künstlers. Als er diese Möglichkeit wahrnahm, machte er sich an die Aufgabe ihrer Verwirklichung. So gesehen gleicht die Lebenszeit, die jeder von uns vor sich hat, einem unbehauenen Marmorblock, aus dem vielerlei Gestalten herausgemeißelt werden können; und es mag nicht einmal entscheidend sein, ob der Marmorblock groß oder klein ist, sondern einzig und allein, ob wir die bestmögliche Gestalt, die daraus formbar ist, erkennen und unser Wirken darauf ausrichten.

Immer wieder stolpern wir über Zeitungsnotizen wie eine, die jüngst berichtete, daß vier Jugendliche beschlossen hatten, gemeinsam Selbstmord zu begehen. Sie waren 15, 16, 17 und 19 Jahre alt. Mit einem Schlauch leiteten sie die Abgase eines laufenden Automotors in den Innenraum des PKWs, in dem sie saßen; nur der 16jährige überlebte. Der 17jährige hatte einen Abschiedsbrief an seine Eltern hinterlassen, in dem stand: „Das Leben hier auf der Erde ist blöd. Alles nur Zeitverschwendung. Auf der Erde läuft alles schief." Nach Kommentaren, was alles schief laufe, fuhr er fort: „Mama, weine nicht. Ihr wart die besten Eltern auf der Welt. Seid nicht traurig." Seine noogene Depression und die von zweien seiner Kameraden hatte tragisch geendet. Sollte es zuvor irgendwelche Auseinandersetzungen in der Familie des Jungen gegeben haben – was nach seinem Abschiedsbrief kaum anzunehmen ist -, kamen die Reibereien höchstens erschwerend hinzu, ohne ursächliche Relevanz. Von den jungen Menschen wurden einfach keine sinnvollen Möglichkeiten mehr wahrgenommen, in den Marmorblöcken ihres Lebens schien keine einzige Gestalt verborgen, die es wert gewesen wäre, herausgearbeitet zu werden.

Was hier nottut, ist eine *Einstellungskorrektur* und eine *Gesichtsfelderweiterung*. Wenn jemand argumentiert, daß es sich nicht mehr lohne zu leben, weil sowieso alles schief laufe – egal, ob sich das Schieflaufen auf internationale Probleme wie drohende Kriegsgefahr und Verelendung der dritten Welt, oder auf persönliche Probleme wie drohende Scheidung und finanziellen Ruin bezieht -, bedarf seine Gesamteinstellung zum Leben einer Umpolung, die *Frankl* in dem berühmten Satz umrissen hat: „Wir müssen lernen und die verzweifelten Menschen lehren, daß es eigentlich nie und nimmer darauf ankommt, was wir vom Leben noch zu erwarten haben, vielmehr lediglich darauf: was das Leben von uns erwartet". Das Leben erwartet von dem Betreffenden, der alles schieflaufen sieht, nicht weniger als die kunstvolle Behauung seines eigenen jeweils vorliegenden Marmorblocks! Ferner bedarf sein limitiertes „Visionsfeld" einer Erweiterung, um der glorreichsten Statuen gewahr zu werden, die daraus entsteigen können.

Was das praktisch heißt, beweist eine Studie an 500 arbeitslosen Vätern und deren Familien in Dortmund. Aus der Entmutigung und Resignation heraus wachsen Gewalttätigkeit, Interesselosigkeit, Sucht und Krankheit – aber nicht in jeder Familie. Es gibt Eltern, die ungeachtet ihrer Arbeitslosigkeit und der damit verbundenen Geldknappheit da und dort aushelfen, und sei es unentgeltlich, die Nachbarschaftshilfe leisten, Kinder betreuen, für Basare sammeln, ausrangiertes Gemüse aus Supermärkten holen und für Gratis-Essensausteilungen zubereiten, kurz, die einspringen, wo Not am Mann und an der Frau ist, und diese Eltern bleiben – laut Ergebnis der Untersuchung – von den gefährlichen seelischen Folgen der Arbeitslosigkeit verschont. Ihre Familien bleiben heil.

Das Fazit daraus läßt sich auf eine einfache Formel reduzieren:

> Entweder man übernimmt eine Lebensaufgabe,
> oder es kommt zur Selbstaufgabe.

Wobei die Doppelbedeutung des Wortes „Aufgabe" die Alternativität von beidem klar symbolisiert: entweder ich erfasse und willige ein in das, was das Leben mir gerade aufgibt, oder ich gebe mich selbst auf. Entsprechend definiert sich das einzige wahrhaft erfolgversprechende Hilfsprogramm angesichts der existentiellen Nöte und noogenen Depressionen der Menschen unserer Zeit:

1) Ihre Neigung zur Selbstaufgabe muß mittels Aufstockung ihrer Hoffnung auf Sinnerfüllung bekämpft werden, was nur mittels Einstellungskorrektur gelingt.

2) Ihre Sehnsucht nach einer Lebensaufgabe muß durch die Erschließung einer solchen gestillt werden, was nur mittels Gesichtsfelderweiterung gelingt.

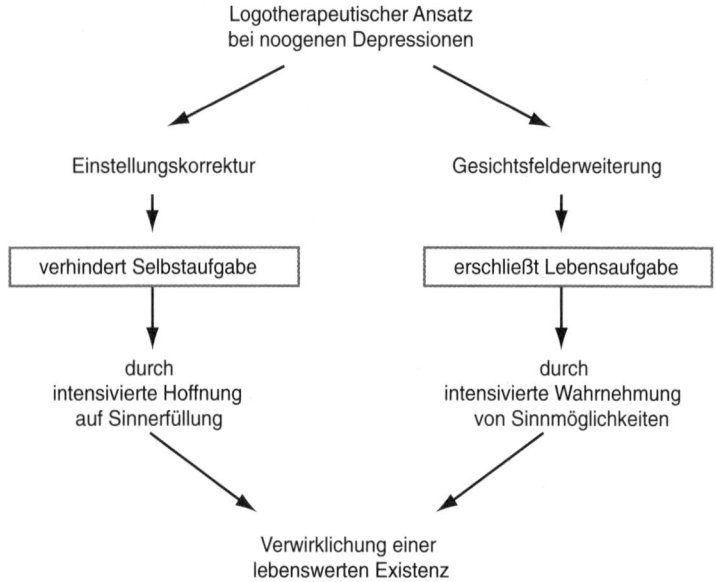

In der logotherapeutischen Literatur finden sich zahlreiche Fallschilderungen zu den o. g. beiden Zweigen therapeutischen Vorgehens bei noogenen Depressionen. Ich will mich deshalb hier auf einige wesentliche Hinweise beschränken.

Zur Verhinderung der Selbstaufgabe

Von der Einstellung eines Menschen zu seinem Schicksal hängt so gut wie alles ab, was dieses Schicksal ihm anhaben kann. Die Bedeutung der inneren Einstellung ist kolossal. Mit einer positiven Einstellung kann man selbst der fürchterlichsten Lage noch etwas abgewinnen, wohingegen man es mit einer negativen Einstellung nicht einmal im Paradies aushalten würde. Der alte Witz, wonach ein Mädchen im überfüllten Bus stöhnt: „Entsetzlich, dieses Gedränge!", und ihr Begleiter antwortet: „Komisch, gestern Abend in der Disco nanntest du das Atmosphäre!", enthält ein großes Körnchen Weisheit. Die innere Einstellung hat Macht über Wohlbefinden und Unglücklichsein, Erwartungen und Hoffnungen.

Wenn nun jemand an keine Zukunft mehr glaubt und keinen Sinn in seinem Weiterleben sieht, kann es sein, daß er durch eine gewisse Wartezeit wie durch einen Tunnel hindurch muß, bis ihm wieder sinnvolle Möglichkeiten bewußt werden. Was trägt ihn aber während der Wartezeit? Die Hoffnung, daß ein solches Bewußtwerden sinnvoller Möglichkeiten wirklich eintreten wird. Verliert er auch noch diese Hoffnung, wartet er nicht mehr und gibt sich auf. Es muß deshalb therapeutisch in einer Weise argumentiert werden, daß die Einstellung aufkeimt: „Ich habe (wider allen Schein und alle Vernunft) Grund zur Hoffnung".

Dazu ein interessantes Analogon aus dem Tierreich, das wir dem Mainzer Forscher *Rudolf Bilz* verdanken, der zahlreiche Versuche an Ratten durchgeführt hat. Ratten können bis zu 80 Stunden schwimmen. Wirft man jedoch eine Ratte in einen Wasserkessel, dessen glatte Wände es ihr rundum verwehren, aus dem Kessel herauszuklettern, ertrinkt sie nach ca. 15 Minuten. Der ungewöhnlich rasche Tod der Ratte ist fast nicht anders zu erklären als damit, daß sie die Hoffnung auf Rettung verliert und sich selbst aufgibt. Diese Erklärung wird durch eine weitere experimentelle Erfahrung gestützt. Wirft man nämlich eine Ratte in den Wasserkessel, und reicht man ihr, nachdem sie 10 Minuten lang verzweifelt umhergeschwommen ist, ein Holzstäbchen, über das sie entkommen kann, und wirft man sie dann erneut in denselben Wasserkessel, so schwimmt sie ihre rund 80 Stunden, bis sie vor Erschöpfung ertrinkt. Sobald sie mithin einmal erlebt hat, daß quasi aus heiterem Himmel Rettung in Form eines Holzstäbchens möglich ist, gibt sie bis zum Schluß die Hoffnung nicht auf und bewahrt sich am Leben, solange sie kann.

Wenn das Vorhandensein von Hoffnung bereits bei Säugetieren derartige Unterschiede im einzusetzenden Energiepotential ausmacht, um wieviel mehr mag es hinsichtlich des geistigen Potentials eines Menschen bewirken! Es gibt in jedem menschlichen Leben Perioden, die man bloß in der Hoffnung durchstehen kann, daß eines Tages ein neuer Silberstreif am Sinnhorizont aufdämmern wird. Ohne diese Hoffnung ist niemand lebensfähig.

Sollte folglich bei einem noogen depressiven Patienten die *Frankl*sche Argumentation greifen, daß es gar nicht darauf ankommt, was er vom Leben zu erwarten hat, sondern eben darauf, was das Leben von ihm erwartet, und daß in seiner gegenwärtigen Situation nichts anderes von ihm erwartet sein könnte, als *sich aufzuheben für sinnträchtigere Momente*, die auch wieder kommen werden, dann ist schon ein Stück Hoffnung und damit ein Stück Zukunft in Sicht. *Daß* solche Momente auftauchen werden, kann ihm (bei guter Kenntnis seiner Vorgeschichte) unter Berufung auf vergangene Lichtblicke seines Lebens glaubhaft versichert werden, deren er – analog zum Holzstäbchen – eingedenk sein möge.

Der entscheidende Punkt jedoch ist, daß es der Patient bei der korrigierten Einstellung selbst in der Hand hat, ob er das von ihm Erwartete erfüllt oder nicht (wobei es selbstverständlich um keine gesellschaftliche Rollenerwartung und um kein moralisches Soll geht, sondern um den in den Tiefen seines Gewissens abzuhörenden „Anruf der Transzendenz an ihn": um den Sinnanruf der Situation). Er selbst hat es in der Hand, wohingegen das Eintreffen irgendwelcher Erwartungen ans Leben außerhalb seiner Macht liegt. So wird ihm per Einstellungskorrektur das Handlungsprinzip zurückerobert, was ihn verstärkt aus Apathie und Resignation herausreißt.

Zur Erschließung einer Lebensaufgabe

Wenden wir uns noch der Gesichtsfelderweiterung des Patienten zu. *Frankl* betonte stets das einer jeden erfolgreichen Therapie anhaftende Element des „educare", des Herausführens – nicht im Sinne eines Herausziehens, sondern eines Verweisens auf die in der Person steckenden Talente und Chancen, und des Zurücktretens, sobald diese von ihr wahrgenommen worden sind.

Eine sehr deprimierte ältere Frau gestand mir einmal im Beratungsgespräch verschämt, daß sie am liebsten Märchenbücher lese, was in ihrem Alter lächerlich sei. Ich erwiderte, daß sie vermutlich eine besondere Beziehung zu Märchen habe, und regte an, auszuprobieren, ob sie am Ende selber ein hübsches Märchen erfinden könne. Sie wehrte heftig ab, weil sie ihrer Meinung nach nicht dazu imstande wäre, was genau wie ihre Selbst-Geringeinstufung wegen des Märchenlesens ihre Minderwertigkeitsgefühle aufdeckte. Aber ich ließ nicht locker, bis sie mir ihren ersten Märchenentwurf brachte, der ausgesprochen nett geworden war.

Wir vervielfältigten ihn mit ihrer Zustimmung und verschenkten ihn an Kinder einer heilpädagogischen Tagesstätte, die sich darüber freuten. Die Frau konnte das gar nicht fassen. „Mein Geschreibsel ist brauchbar?" fragte sie ein ums andere Mal. Bei ihrem zweiten Märchen half ich kaum mehr nach, und es dauerte kein Jahr, da hatte sie sich einen kleinen Sammelband ihrer schriftstellerischen Kreationen illustrieren und drucken lassen und ihn in ihrem Bekanntenkreis verbreitet. Es wurde ihr reichlich Anerkennung zuteil, ihre Selbstachtung stieg, manch brachliegende Freundschaft erneuerte sich, und der örtliche Kindergarten bekundete ein Interesse an ihren Werken. Daß meiner therapeutischen Intervention ein weniger deprimierter Mensch und ein Geschenk für Kinder entsprungen sind, ist trotzdem keineswegs mein Verdienst. Ich habe lediglich eine Sinnmöglichkeit ins Gesichtsfeld der Patientin geschoben – ergriffen und verwirklicht hat sie sie ganz allein.

Eine Lebensaufgabe muß nicht mit dem Beruf, den man ausübt, identisch sein. Zwar kann ein Beruf zur Lebensaufgabe werden, doch die Umkehrung gilt nicht. Was sollen die vielen Studenten sagen, die nach jahrelangem Studium keine Anstellung finden, was sollen die Arbeiter sagen, deren Betriebe die Pforten schließen müssen, was sollen Hausfrauen und Mütter sagen, die freiwillig auf eine Berufstätigkeit verzichten, um für ihre Familien zu sorgen, oder was sollen die Rentner, Kranken und Behinderten sagen, denen eine berufliche Selbstbestätigung verwehrt ist? Sie alle sind imstande, Lebensaufgaben, ja, äußerst wertvolle und nutzbringende Lebensaufgaben zu erfüllen, wenn sie sich nur von dem Gedanken lösen, daß deren Sinngehalt mit Geld oder Anerkennung aufgewogen werden könnte bzw. müßte.

Als ich anläßlich eines Vortrages nach Amsterdam reiste, zeigte der Fahrer, der mich vom Flughafen abholte, auf ein riesiges Waldgebiet unweit der Stadt und erzählte mir, daß während der schrecklichen Wirtschaftskrise in den 30er Jahren tausende Arbeitslose des Landes in freiwilligen Einsätzen jene Bäume gepflanzt haben, die bis auf den heutigen Tag „Lunge" und Erholungsgebiet der holländischen Metropole sind. Diese Leute haben bei der Pflanzaktion bestimmt nicht wenig an Hunger gelitten, aber ich bin überzeugt, daß sie vor noogenen Depressionen verschont geblieben sind. Denn wer müht sich ab um eine Zukunft – und das Bäumepflanzen ist mehr denn alles andere eine Arbeit auf Zukunft hin –, wenn er an keine Zukunft glaubt? Es ist eine enorme Lebensaufgabe gewesen, die damals angepackt und zum Wohle von Generationen erledigt worden ist!

Ähnliches geschieht bei Organisationen, die hilfs-bereite Menschen mit hilfs-bedürftigen Menschen in Kontakt bringen, ehrenamtlich selbstverständlich, und die dabei wiederholt die Erfahrung machen, daß dank ihrer Vermittlung beide Teile profitieren, der gebende und der nehmende Teil. Was letzterer an Lebenshilfe gewinnt, gewinnt ersterer an Lebensaufgabe hinzu.

Sinn vermitteln können wir Therapeuten nicht (die Eheberater vermitteln schließlich auch keine Ehen ...), aber was wir tun können, ist: *Zeugnis ablegen* dafür, daß sich Lebensaufgaben finden und erfüllen lassen, auch unter eingeschränkten Bedingungen und in schwieriger Zeit. Für eine solche Zeugenschaft reicht allerdings Empathie nicht aus. Wenn wir unseren Patienten bloß verständnisvoll zuhören und ihnen ihren Pessimismus rückspiegeln, weitet sich ihr Gesichtsfeld nicht. Da müssen wir schon etwas mehr „educare" ins therapeutische Zwiegespräch einstreuen, indem wir Anregungen geben, Vorbilder und Metaphern heranziehen, Visionen und Imaginationen anzapfen, kurz, das geistige Potential unseres Gegenübers herausfordern. Das mag nicht leicht sein, aber die Verwirklichung einer lebenswerten Existenz ist auch nicht etwas, das einem in den Schoß fällt, sondern etwas, um das gerungen werden muß, und sei es im therapeutischen Dialog.

Ein abgelegtes Zeugnis

1959, zu einer Zeit, als die Neuroleptika-Gruppe noch nicht entwickelt und die Fachwelt gegenüber der Krankheit Schizophrenie ziemlich ratlos war, legte *Frankl* im „Handbuch der Neurosenlehre und Psychotherapie" (Urban & Schwarzenberg, München/Berlin) ein bewegendes Zeugnis dafür ab, daß das genannte „educare" sogar bei mental völlig abgebauten Menschen noch gelingen kann. Es ging um einen dementen Insassen einer „Irrenanstalt", der außer Papier zerreißen nichts tat. In Abständen übermannten ihn die für Psychosen typischen

Aggressionsausbrüche, die er erstaunlicherweise gelegentlich zu kontrollieren vermochte. *Frankl* beobachtete den Kranken eine Weile und stellt ihm dann eine Frage.

Das Interessante ist, welche Frage *Frankl* stellte. Wann immer ich mich in Kollegenkreisen umhöre, was *Frankl* in jener Situation, die nicht einmal eine therapeutische war, weil die Krankheit jeglichem Therapieversuch widerstand, gefragt haben könnte, erhalte ich kaum Resonanz. „Vielleicht hat er gefragt, worüber sich der Patient ärgert, oder was er sich wünscht..." wird spekuliert. Doch nein, *Frankls* Frage zielte auf anderes ab – auf etwas so Grandioses wie eine gegenwärtige Lebensaufgabe des Patienten! Und tatsächlich: seine Frage evozierte eine! Mitten in der kognitiven Umnachtung des Dementen brachte sie seinen heilen, unversehrten und ungebrochen des Sinnbezugs fähigen Personenkern zum Leuchten ...

Hier ein Abdruck der Originaltextstelle:

Zu uns wird ein 60jähriger Mann gebracht, der an einem Defekt – und Endzustand nach Dementia praecocissima leidet. Er hört Stimmen, halluziniert also akustisch, ist autistisch, tut den ganzen Tag nichts anderes als Papier zerreißen und führt solcherart ein scheinbar ganz und gar sinnloses Leben. Wollten wir uns an die Einteilung der Lebensaufgaben nach Alfred Adler halten, so erfüllt unser Patient – dieser 'Idiot', wie er genannt wird – keine einzige der Lebensaufgaben: einer Arbeit geht er nicht nach, von der Gemeinschaft ist er so gut wie ausgeschlossen, und das Geschlechtsleben, von Liebe und Ehe nicht zu sprechen, ist ihm versagt. Und dennoch: Welch eigenartiger, merkwürdiger Charme geht von diesem Menschen aus, vom Kern seiner Menschlichkeit – die von der Psychose unberührt geblieben ist: vor uns steht ein Grandseigneur! Aus dem Gespräch ergibt sich, daß er mitunter jähzornig aufbraust, aber im letzten Moment sich zu beherrschen imstande ist. Da geschieht es, daß ich ihn von ungefähr frage: „– wem zuliebe beherrschen Sie sich dann doch?" – und er antwortet mir: „Gott zuliebe ..." Und da fallen mir die Worte von Kierkegaard ein: „Selbst wenn der Wahnsinn mir das Narrenkleid vor die Augen hielte – ich kann meine Seele noch erretten: wenn meine Liebe zu Gott in mir siegt."

Setzen wir *Frankls* Worte in Kontrast zu einem Ausspruch von *Sigmund Freud*, den dieser am 1. Mai 1932, sieben Jahre vor seinem Tod und quasi als Resümee seines langen therapeutischen Schaffens, in seinem Tagebuch niedergelegt hat: „Die Patienten sind ein Gesindel. Die Patienten sind nur gut, um uns leben zu lassen, und sie sind Stoff zum Lernen. Helfen können wir ihnen ja doch nicht." Traurig registrieren wir den Unterschied. Beide Forscher waren erstklassige Kapazitäten auf demselben wissenschaftlichen Terrain – zwischen ihren Menschenbildern aber lagen Welten.

Zukunftsangst als neurotische Krise

Kehren wir nach dem Ausflug in die psychotische Problematik zur depressiven zurück. Wir haben die noogenen Krankheitssymptome, die einem geistigen Unbehagen auf Grund eines Wertevakuums entstammen, von den neurotischen

Krankheitssymptomen, die einer psychischen Schwäche auf Grund mangelnden Urvertrauens entstammen, abgegrenzt. Freilich kann diese Abgrenzung in der Praxis verschwimmen. Nicht selten landet jemand im Wertevakuum, weil seine neurotische Konfliktgeladenheit dazu geführt hat, daß er „mit Gott und der Welt" zerkracht ist. Oder seine Urangst verbaut ihm sämtliche Wege ins Leben. Er trägt gleichsam das Bild einer wunderschönen Statue im Kopf, wagt es aber nicht, den Meißel am Marmorblock anzusetzen, weil er daneben schlagen könnte. Die Angst vor Verfehlung, Versagen etc. hemmt die Erfüllung von Sinn. Unter solchen Konditionen schrumpft die Wahrnehmung einer lebenswerten Zukunft genauso, wie leicht nachvollziehbar ist.

Das spezielle Kennzeichen des neurotischen Geschehens ist die Irrationalität der Angst. Nicht der Mensch selbst fühlt sich überflüssig, wie es bei der noogenen Depression geschieht, sondern seine Angst *ist* überflüssig, oder besser gesagt: das Ausmaß seiner Angst. Insofern gibt es wiederum eine Gemeinsamkeit zwischen beiden seelischen Störungen, die mit dem Stichwort „Verkennung der Situation" überschrieben werden könnte. Der noogen Depressive verkennt die Wichtigkeit seines persönlichen Engagements im Gesamtplan der Schöpfung. Der neurotisch Depressive verkennt die Geborgenheit seines Daseins in der Transzendenz. Eine fatale Sache, denn just den Verkennungsfaktor hat die Evolution auf ihre Abschußliste gesetzt. Tiere, die sich irren, sterben aus. Jäger, die Wildfährten falsch interpretieren, müssen beutelos heimkehren oder werden selbst zur Beute. Menschen mit allerlei Talenten, die meinen, nichts zu können, verkümmern mitsamt ihren Talenten. Eine hochgradige Abweichung der subjektiven

Einschätzung vom objektiven Sachverhalt des Eingeschätzten wird konsequent vom Leben bestraft.

Das Problem verdreifacht sich, wenn aus Verkennungen nichts gelernt wird; denn das Beste, das daraus entstehen kann, ist ein Zuwachs an Erkenntnis. Ein Kind, das auf einem Balken balanciert und hinunterplumpst, weil es zu schnell vorangeprescht ist, lernt normalerweise, sein Gewicht vorsichtiger auszutarieren. Seelisch Kranke sind jedoch auf gewisse Art „Wiederholungstäter"; sie werden aus Verkennungen nicht klug. Hundertmal können sie erfahren haben, daß ihre Katastrophenbefürchtungen nicht eingetreten sind, also mit der Realität nicht übereingestimmt haben, und dennoch fürchten sie sich zum hundertsten Mal erneut.

In der Psychotherapie und auch in der Logotherapie sind Methoden entwickelt worden, solch neurotische Ängste sukzessive zu lindern. Die Methoden sollen hier nicht Gegenstand unserer Diskussion sein. Ich möchte vielmehr ergänzend feststellen, daß die beiden erwähnten therapeutischen Aspekte *Einstellungskorrektur* und *Gesichtsfelderweiterung* auch für Patienten geeignet sind, bei denen sich noogene und neurotische Symptomen überlappen, weil beide Aspekte den ansonsten zu vermissenden Zuwachs an Erkenntnis bei ihnen fördern.

Die Patienten werden behutsam angeleitet, ihrer unsinnigen Angst mit einem „übersinnigen" Vertrauen zu begegnen. „Übersinnig" heißt in diesem Zusammenhang: auf einen „Übersinn" ausgerichtet, worunter *Frankl* den numinosen, alles umspannenden und menschlichen Verstand um Unendlichkeiten überragenden Sinn von Sein verstand, in religiöser Chiffre: Gott.

Vielleicht kann ein Beispiel das konkrete logotherapeutische Vorgehen illustrieren.

Unsinnige Angst und „übersinniges" Vertrauen

„Ich suche ständig Sicherheit", sagte eine Patientin mittleren Alters zu mir. „Sicherheit wovor?" fragte ich sie. „Vor Krankheit, vor dem Verlassensein, vor dem Tod", erklärte sie schaudernd. Sie stieg kaum in ein Verkehrsmittel ein. Sie scheute längere Autofahrten und schleppte vorsorglich ein übermäßiges Medikamentensortiment mit sich, wenn sie ein paar Tage unterwegs war. Sie begleitete ihren Mann auf keiner Wanderung und keiner Radtour. Vor allem engte sie ihn massiv ein. Er mußte sich bei seinen Spazierfahrten in zweistündlichen Abständen per Handy bei ihr melden und auf die Minute pünktlich nach Hause kommen, weil sie anderenfalls eine Panikattacke erlitt. Einige Male war er schon aus diesem „Gefängnis" entflohen und eine Nacht lang verschwunden; in Damenbegleitung, wie sie vermutete. Dann hatte sie den Notarzt gerufen und war mit starken Beruhigungsspritzen besänftigt bzw. benebelt worden. Ein anderes Mal hatte ihr Mann einen Flug zu seiner Nichte nach Spanien gebucht. Zufällig sah die Frau am Tag vor seinem Abflug eine Fernsehsendung über den Absturz einer Militärmaschine. Daraufhin verlangte sie von ihm unter Einsatz heftiger Erstickungssymptome, seinen Flug zu stornieren, das Ticket mit finanziellem Verlust zurückzugeben, und der Nichte abzutelefonieren. Die Ehe kriselte.

„Sie suchen Sicherheit vor dem Tod?" wiederholte ich nachdenklich. „Da stecken Sie Ihre Energien in eine groteske Abschirmmauer vor etwas, das sowieso unausweichlich ist." Sie begann zu weinen, doch ich blieb beim Thema. „Was würden Sie überhaupt tun, wenn Sie sich sicherer fühlten?" „Dann würde ich endlich leben", schrie sie auf. „Dann würde ich zu unseren Verwandten ins Ausland reisen, würde Ausstellungen besuchen und mit meinem Mann auf die Berge steigen!"

„Nun", erwiderte ich, „vielleicht gibt es einen Ort, an dem wir vor Krankheit, Verlassensein und Tod sicher sind, aber der ist nicht von dieser Welt." Ich wartete. „Ich weiß, was Sie meinen", sagte die Patientin zögernd. „Ich glaube an Gott". Es entstand eine Pause. „Gott ist so weit weg ..." schloß sie vage. „Kann es sein, daß *Sie* weit weg sind von Gott?" hakte ich vorsichtig nach. Sie verstand mich nicht. „Halten Sie Kontakt mit ihm, sprechen Sie manchmal zu ihm?" „Oh ja", erwiderte sie, „ich flehe ihn oft um seine Hilfe an. Er möge meinen Mann schützen und ihn mir wieder bringen ..." „Auf der Vertrauensebene sind Sie hierbei sehr weit weg von ihm", unterbrach ich sie. „Sie wollen ihm per Gebet Ihren Willen aufzwingen, wie Sie das mit Ihrem Mann praktizieren. Aber jede gute Beziehung braucht Entkrampftheit, Freiwilligkeit, ungebrochene Hoffnung und gegenseitige Akzeptanz. Sonst entzieht sich der 'Partner', wie sich Ihr Mann Ihnen zunehmend entzieht."

Die Patientin hatte aufgehört zu weinen und wirkte aufmerksamer als zuvor. Aus ihrem religiösen Empfinden heraus spürte sie wohl, daß ihrer unsinnigen Angst nur ein einziges hinreichendes Gegengewicht die Stirn bieten konnte, nämlich ein „übersinniges" Vertrauen, ein schlichtes, blindes Sich-

Anvertrauen der Schicksalsführung, wie immer wir sie deuten. Bloß, wie gewinnt ein Angstpatient Vertrauen?

Paradoxerweise dadurch, daß er sich, bildlich gesprochen, an den „Ort des Vertrauens" begibt, bevor er dort eingetroffen ist. Indem er sich mit geistigen Fühlern vortastet, wo die Seele noch nachhinkt. Ähnlich wie der Süchtige mit der Abstinenz beginnen muß, ehe er vom Suchtmittel frei ist, um eben davon frei werden zu können, und ähnlich wie sich der Aggressive zum Frieden aufraffen muß, ehe er seine Friedensfähigkeit entwickelt hat, um sie eben entwickeln zu können, so muß auch der Ängstliche das unbedingt Gewünschte loslassen, ehe er seine Angst vor dessen Verlust besiegt hat, um eben Verluste ertragen zu lernen.

„Ich mache Ihnen einen Vorschlag", setzte ich unser Gespräch fort. „Wenn Ihr Mann wieder unterwegs ist, und Sie von der Sorge um ihn gepeinigt werden, dann denken Sie bei sich – Gott zugewandt: 'Nun, entweder verunglückt mein Mann, dann geht er jetzt zu dir, oder er verunglückt nicht, dann geht er jetzt zu mir. Auf jeden Fall geht er zu jemandem, der ihn liebt.' Sie werden überrascht sein, wie sich Ihre Gespanntheit löst."

„Entweder zu dir oder zu mir? Ein tröstlicher Gedanke", lächelte die Patientin. „Das erinnert mich an unsere Verlobungszeit, in der wir uns heimlich 'bei mir oder bei dir' getroffen haben ... Ich werde das ausprobieren." Sie dachte nach. „Aber was mache ich mit der Angst vor dem Alleingelassenwerden im Falle eines 'Zu-Dirs'?" „Diese Angst werden wir uns später vorknöpfen", versprach ich ihr. „Jetzt hat Ihr Mann Vorrang, denn er steht seit Jahren tapfer zu Ihnen, obwohl Ihre Ängste ihm das Leben erschweren. Wie wird er sich freuen, wenn er bald ohne Kontrolle, ohne ständige Rückmeldepflicht und drohende Heulszenen ausgehen und heimkehren darf, wann er will!" Die Patientin faßte sich ein Herz. „Ich werde es probieren!" Von Stunde an stellten sich die ersten Erfolge in ihrem Genesungsprozeß ein, und dies nach einem langen Leiden an der geschilderten Problematik.

Ein halbes Jahr später war sie innerlich bereit, mit ihrem Mann eine gemeinsame Bergtour zu unternehmen. Die beiden brachen an einem herrlich warmen Sommertag auf, und die Frau hüpfte vor Freude wie ein Kind. In der Höhe jedoch kam es zu einen unerwarteten Wetterumschwung mit Blitz, Donner und prasselndem Regen. Atemlos und klatschnaß erreichte das Ehepaar eine nahegelegene Schutzhütte. Als es endlich in Decken gewickelt bei einem Glas heißer Zitronenlimonade saß, fürchtete der Mann einen schlimmen Auftritt seiner Frau, insbesondere ihre Weigerung, sich aus der bergenden Hütte hinauszubewegen, sobald das Gewitter vorüber sein würde. Im Geist überlegte er sich schon die Organisation von Bergrettungsleuten; doch nichts dergleichen war nötig. Da umarmte er seine Frau und drückte sie fest an sich. „Du bist tatsächlich gesund geworden!" rief er erleichtert aus. „Ach, weißt du", antwortete sie ihm, „während wir vorhin durch den Regen gestolpert sind, habe ich gebetet. Ich sagte zum Herrn: 'Entweder gehe ich jetzt zur Hütte oder zu dir – beides soll mir recht sein!' Da hat er mich zur Hütte geschickt. Und nun werden wir sehen, wo er mich beim Abstieg hinbeordert. Er wird es schon recht machen."

Das tat er. Er geleitete die beiden heil zurück ins Tal, und führte die Patientin in die nächste Sprechstunde zu mir, in der sie mir strahlend von ihrem Abenteuer berichtete. Am liebsten hätte ich sie ebenfalls in die Arme genommen, aber dieses Vorrecht ihres Mannes stand mir nicht zu. Deshalb beschränkte ich mich darauf, sie reichlich zu loben. „Jetzt ist Ihr Meisterwerk an der Reihe", fügte ich herausfordernd hinzu. „Die Angst vor dem Alleinsein muß noch überwunden werden." Sie nickte. „Was ist denn für Sie die schrecklichste Vorstellung, die Sie mit dem Alleinsein verbinden?" „Daß ich Schmerzen habe oder keine Luft bekomme, und niemand hilft mir." Diese Aussage enthielt nicht nur Irrationales. Mit fortschreitendem Lebensalter gewinnt eine solche Angst an Berechtigung. Deshalb wies ich auf ihr Handy. „Wie wäre es, wenn Sie mit den älteren Menschen aus Ihrem Bekanntenkreis vereinbaren würden, daß jeder jeden anrufen darf, wenn er Hilfe braucht? Noch zählen Sie zum 'Mittelalter' und haben Ihren Mann an Ihrer Seite, aber in Ihrer Nachbarschaft leben zweifellos Personen, die älter, gebrechlicher und einsamer sind als Sie. Wenn Sie denen Ihre Handynummer mitteilen und anbieten, im Notfall auf Anruf herbeizueilen, könnte allmählich ein 'Ring der Hilfsbereitschaft' entstehen, der auch Sie eines fernen Tages tragen würde."

Die Patientin griff meinen Denkanstoß auf und benützte ihr Handy in Zukunft wesentlich sinnvoller, als in der Vergangenheit. Hatte sie früher aus ihrem extremen Sicherheitsstreben heraus damit ihren Mann tyrannisiert, so verschenkte sie nunmehr selber und ihrerseits ein Stückchen Sicherheit an ihre Mitwelt. In der Erfüllung dieses humanen „Solls" entwuchs sie vollends ihrem problembeladenen „Sein".

Das letzte Sollen des Menschen ist eben nicht, sich vor Unannehmlichkeiten zu schützen, sondern sich in Gottvertrauen fruchtbar einzubringen in unsere Welt.

Kommentare zur Fallgeschichte

Die seelische Verstimmung, derentwegen die Patientin bei mir Rat gesucht hatte, sah auf Anhieb nach einer reinen Angstneurose aus. Wo waren die sich damit überlappenden noogenen Anteile ihrer Verstimmung? Man kann sagen, in allen Werten, denen sie keinen Platz in ihrem Leben eingeräumt hatte. Das Wertevakuum beinhaltet stets dasjenige, was fehlt. Nicht nur der Seele an Freude fehlt, sondern dem menschlichen Geist an Vollzugsmotivation fehlt. Die Liebe zu ihrem Mann, die Würdigung der Partnerschaft waren nicht stark genug gewesen, ihr Sicherheitsbedürfnis zu relativieren. Die Reisen, Ausstellungen, Bergtouren waren ihr nicht kostbar genug gewesen, Ängste zu überspringen. Ihre Lebenszeit war ihr nicht zu schade gewesen, für ein Zittern vor Unwahrscheinlichkeiten vergeudet zu werden. Ihre Selbstachtung nicht wichtig genug, um sie von hysterischen Erpressungsversuchen abzuhalten.

Wir sehen: der Mensch in der Wertfülle ist weitgehend geschützt. Auch an ihn schleichen Furcht, Mißtrauen, Zweifel und Bangheiten heran und nagen an seiner Hoffnung, aber irgendwie versickern derlei Düsternisse in der Wertfülle, aufgesogen vom profunden Erlebnis unabdingbar sinnvollen Daseins. Der Mensch im Wertevakuum hingegen ist unerhört verletzlich. Ein Hauch von Chaos, Absurdität und möglichem schlechten Ausgang der Weltgeschichte, ihn selbst miteinbezogen, wirft ihn um und raubt ihm jeglichen Halt. Er trudelt im freien Fall ins Bodenlose.

Fragen wir nach der *Einstellungskorrektur*, die meiner Patientin geholfen hat. Worin bestand sie? Sie bestand im Aufhören des Bittens, Flehens und Drängens, sei es vertikal (Richtung Gott) oder horizontal (Richtung Ehemann), und im Akzeptieren des auf sie Zukommenden. Dies war eine neue Antwort von ihr auf altbekannte schreckenauslösende Situationen: „... zu dir oder zu mir ... in Ordnung, ich akzeptiere". Buchstäblich brachte sie ihre kleine persönliche Weltgeschichte dadurch in Ordnung, das Chaos ließ nach.

Fragen wir nach der *Gesichtsfelderweiterung*, die meiner Patientin geholfen hat. Worin bestand sie? Sie bestand in den Anstößen, über den eigenen Tellerrand hinauszuschauen, nicht zuletzt bezüglich der Gründung eines „Ringes der Hilfsbereitschaft" für ältere Leute in der Nachbarschaft. Im erweiterten Sehfeld tauchte vermehrt das Du auf, der Andere, der Nächste, der Fremde, der Beziehungspol, den jedes Ich braucht, um sich selbst entwerfen zu können. *Frankl*: „Das Ich wird Ich erst am Du." Es ist nicht ohne Pointe, daß die Patientin über ihre Dienstbereitschaft am Nächsten den Horror vor dem Alleinsein verlor.

Bleibt eine letzte Frage offen: Wie hätte ich die Therapie konzipiert, wenn die Patientin *nicht* gläubig gewesen wäre? Ganz einfach, ich hätte säkulare Worte verwendet, um mit ihr an den „Ort des Vertrauens" zu gelangen. Jeder Mensch imaginiert diesen „Ort", bewußt oder unbewußt, weil der Wegweiser „dorthin" für alle Zeit in sein Herz gepflanzt ist. Keine Gehirnwäsche kann ihn herausreißen, keine Krankheit kann ihn vernichten. Angst ist zwar das pure Gegenteil von Glauben – wie Leere und Gleichgültigkeit das Gegenteil von Liebe sind -, aber sogar die Gegenteile, die Zustände des Getrenntseins vom

Eigentlichen, reflektieren in flammendem Schmerz die Sehnsucht nach dem Eigentlichen. Der Sehnsucht nach jenem „Ort", der uns im Herzen gewiesen ist, entrinnt niemand.

Über den Zuwachs an Depressionen

Hans Häfner vom „Zentralinstitut für Seelische Gesundheit" in Mannheim hat in den achtziger Jahren umfassende Untersuchungen über die Häufigkeiten von seelischen Krankheiten durchgeführt. In der Zeitschrift „Nervenarzt" (Bd. 56, S. 120) hat er u. a. berichtet, daß die Häufigkeit der Schizophrenie in der europäischen Bevölkerung über rund ein Jahrhundert hinweg keine Veränderung hat erkennen lassen, die depressiven Störungen aber ab dem zweiten Drittel des 20. Jahrhunderts stark zugenommen haben. Inzwischen wissen wir, daß es die noogenen Depressionen sind, die den Prozentsatz hochschrauben, denn für die somatogenen und psychogenen Depressionen gibt es bezüglich ihrer Häufigkeiten ausgleichende Faktoren.

Benützen wir zur Beweisführung die traditionelle Depressionseinteilung:

Traditionelle Depressionseinteilung

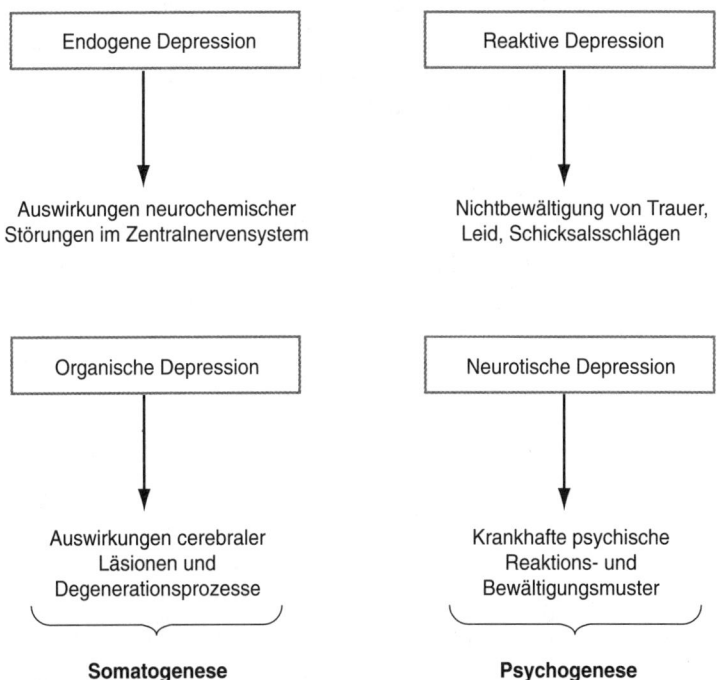

Da die endogenen Depressionen keinen äußeren Grund, sondern eine innere Ursache haben, die in einem Mangel von Neurotransmittern in den Nervenbahnen besteht, sind sie von kulturell-gesellschaftlichen Umständen recht unabhängig. Ähnliches trifft für die organischen Depressionen zu, die auf Hirnverletzungen, Tumoroperationen etc. zurückgehen und dem organischen Psychosyndrom zuzurechnen sind. Was durch die toxische Gesamtsituation der Gegenwart (Luftverschmutzung, Giftsubstanzen in Lebensmitteln etc.) die Störungsanfälligkeit im neuronalen Zellbereich anheben und dadurch die endogenen Depressionen fördern mag, das wird wettgemacht durch die sagenhaften Fortschritte der Medizin, die das organische Psychosyndrom als Folge von Hirnschäden immer besser in den Griff bekommt.

Im Unterschied dazu haben die reaktiven Depressionen einen äußeren Grund, nämlich einen Grund zum Traurigsein, wie es Scheidungen und Todesfälle in der Familie, berufliche Mißerfolge etc. sind. Auf das tragische Ereignis wird mit seelischer Blockade reagiert. Ein vergleichbar schwerer Grund zur Trauer ist bei den neurotischen Depressionen nicht vorhanden, trotzdem stellen auch sie Fehlreaktionen auf Lebensanforderungen dar, vor allem auf solche, die Verantwortungsbewußtsein, Tüchtigkeit und Friedensfähigkeit verlangen. Was nun die verwöhnende und verweichlichende Wohlstandsepoche florierender Wirtschaft, die unsere Generation und Elterngeneration erlebt hat, an neurotischen Regressionen hervorgerufen haben mag, wird gewiß wiederum wettgemacht durch die sozialen Errungenschaften dieser Epoche, die Tragödien als äußere Gründe reaktiver Depressionen limitieren. Natürlich ist das Einzelschicksal niemals frei von Leid, doch ist es in unserer Kultur und Gesellschaft leichter, Verluste zu ersetzen, Beziehungen neu zu knüpfen, beruflich umzudisponieren und diverse Hilfen zu erhalten als in früheren Zeiten.

Mithin kann es kleine Verschiebungen von den organischen zu den endogenen Depressionen und von den reaktiv-depressiven zu den neurotisch-depressiven Krankheitsbildern gegeben haben, die aber nicht den statistisch registrierten generellen Depressionszuwachs erklären.

Veränderungen in der Gegenwart

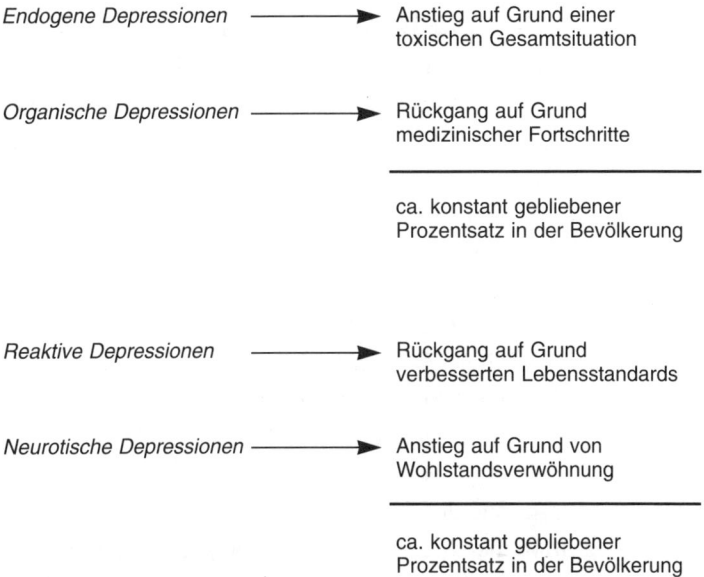

Ergo sind es die noogenen Depressionen, die, wie bereits mehrfach dargelegt, den „modernen" Menschen die Lebensfreude rauben.

Ein 54jähriger Vater beschrieb mir seine Qual so: „Ich fühle mich alt werden und frage mich immer öfter, wozu ich noch lebe. Im Beruf bin ich nicht mehr erfolgreich wie früher, meine Familie braucht mich immer weniger; lebe ich nicht nur noch auf meinen Tod hin?" Er hatte eine mehrmonatige ergebnislose Psychotherapie wegen chronischer Schlafstörungen und zeitweiser Alkoholprobleme hinter sich. Dazu meinte er: „Der Psychologe hat versucht mir einzureden, ich sei bloß neidig auf die jungen Leute, auf ihre Vitalität und sexuelle Potenz. Aber das ist es nicht ..."

Nein, das ist es nicht. Der moderne Mensch leidet an keiner sexuellen, sondern an einer existentiellen Frustration (*Frankl*).

Eine Gymnasialschülerin drückte mir ein selbstverfaßtes Gedicht in die Hand:

> *Mein Leben dauert ewig*
> *und doch nur kurze Zeit,*
> *hat keinerlei Bedeutung*
> *in der Unendlichkeit.*
> *Ohne Ziel, ohne Sinn,*
> *ich lebe einfach vor mich hin,*
> *weil ich überflüssig bin.*

Alte und Junge sind deprimiert, und ihre seelische Not scheint in der traditionellen Depressionseinteilung nicht einmal auf. Die Psychotherapie bedurfte dringend einer Ergänzung durch die Logotherapie!

Die logotherapeutische Sicht

Fassen wir zusammen. Die Diagnose „Depression" umschließt mannigfaltige Störungen gemäß der Mannigfaltigkeit der menschlichen Seinsdimensionen. Die traditionellerweise unterschiedenen somatogenen und psychogenen Depressionsformen sind um die noogenen zu erweitern, wobei die psychogen-neurotische Form eher dem Krankheitskomplex Neurose als dem der Depression zugehörig ist. Die drei Depressionsformen, die wir durch diese Erweiterung (und Ausklammerung des Neurotischen) erhalten, entsprechen den ontologischen Kategorien Leib, Seele und Geist, entsprechen der menschlichen Existenzwirklichkeit.

Kraft der Einheit des Menschen – trotz Mannigfaltigkeit seiner Seinsdimensionen – sind die wechselwirksamen Einflüsse zwischen Leib, Seele und Geist stets zu berücksichtigen, was uns aber nicht von der Pflicht akkurater Symptom-Zuordnungen entbindet. Zu den am meisten beobachtbaren wechselwirksamen Einflüsse zählen die folgenden:

1) Die neurochemischen Störungen im Zentralnervensystem, die eine endogene Depression erzeugen können, werden durch Umweltbelastungen und psychische Streßfaktoren verstärkt.

2) Gesellt sich zu seelischen Leidensphasen und Trauerphänomenen ein geistig frustrierendes Wertevakuum, wird der Ausbruch einer reaktiven Depression angekurbelt.

3) Die geistige Frustration, die einer vermeintlichen Sinn-, Hoffnungs- und Zukunftslosigkeit des Daseins entspringt, wird durch negative sozio-kulturelle Faktoren wie gesellschaftliche Umbrüche, sittlicher Verfall, kollektive Endzeitvisionen, Technisierung sämtlicher Lebensbereiche ... verstärkt.

4) Gesellt sich zur geistigen Frustration eine neurotisch-psychopathische Schwäche wie Suchtneigung, erhöhte Angstbereitschaft, aggressiv-cholerisches Temperament, emotionale Labilität ..., wird der Ausbruch einer noogenen Depression angekurbelt.

Dazu zwei konkrete Untersuchungsergebnisse aus dem psychologischen Institut der Universität Wien. Eva Jancak hat in testpsychologischen Untersuchungen nachgewiesen, daß die sogenannte Midlife-Crisis nichts anderes als eine tiefe noogene Krise darstellt, die sich mit Elementen von Nervosität, emotionaler Labilität und Depressivität mischt (1980). Gerald Kovacic fand ebenfalls mittels statistischer Erhebungen heraus, daß jeder übermäßigen Angst vor dem Sterben eine geistig-existentielle Frustration zu Grunde liegt, die sich mit Leidensunfähigkeit und Pessimismus paart.

Eine übersichtliche Tabelle soll dieses neue, komplexe und um logotherapeutische Erkenntnisse ergänzte Depressions-Klassifikationsschema veranschaulichen:

Die logotherapeutische Sicht

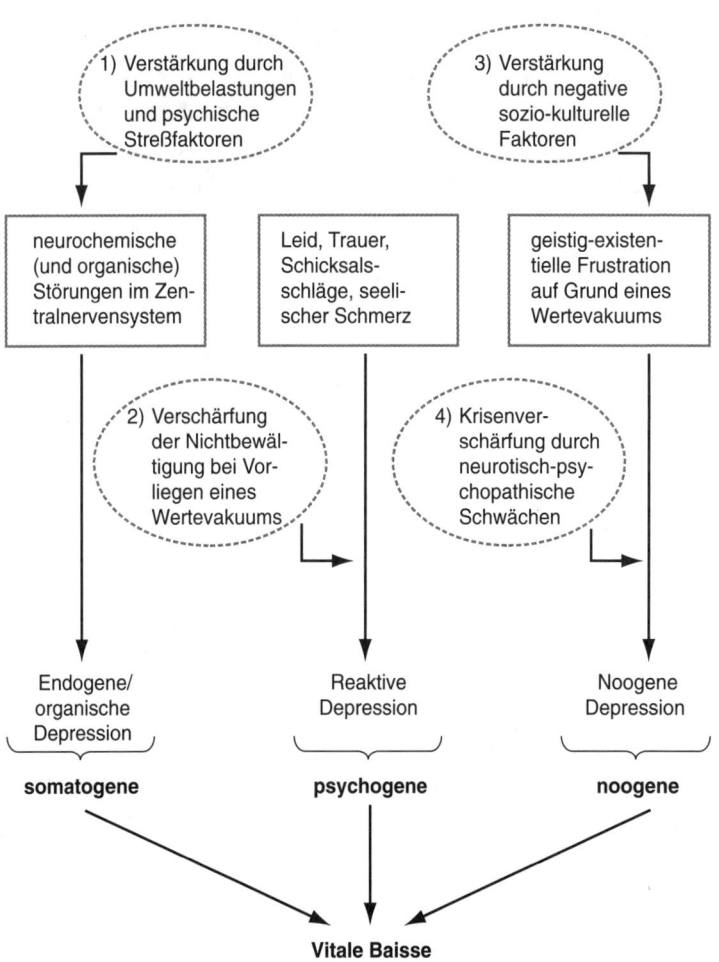

Nur ein Leben in Wertfülle macht Freude.

Und nur eine Psychotherapie, die des Menschen Elend und Größe in seinen verschiedenen Seinsebenen „kennt" und ihn dort abholt, wo das Elend die Entfaltung seiner Größe behindert, vermag wirklich zu heilen – wenn die Gnade hinzutritt.

Über die Autorin

Elisabeth Lukas, Dr. phil., Jahrgang 1942, wurde in Wien geboren und hat an der Wiener Universität Psychologie studiert. Ihre „Doktorväter" waren Giselher Guttmann, der langjährige Vorstand des Psychologischen Instituts der Universität Wien, und Viktor E. Frankl, der Begründer der Logotherapie, mit dem sie von 1968 bis zu seinem Tod 1997 in freundschaftlichem Kontakt stand. Ihre in den Jahren 1969 – 1971 verfaßte Dissertation war bereits einem logotherapeutischen Thema gewidmet. Ihre erste Publikation erfolgte 1972 in Form eines Kapitels des Buches „Der Wille zum Sinn" von Viktor E. Frankl.

1972 zog sie mit ihrer Familie nach Deutschland, wo sie seit 1973 als Klinische Psychologin und Psychotherapeutin tätig ist; seit 1986 in der Funktion der fachlichen Leiterin des „Süddeutschen Instituts für Logotherapie GmbH" in Fürstenfeldbruck bei München. Während dem Vierteljahrhundert ihres bisherigen Wirkens hat Elisabeth Lukas neben der täglichen Patientenarbeit Logotherapiezentren in aller Welt aufbauen geholfen, u. a. die „Deutsche Gesellschaft für Logotherapie und Existenzanalyse", deren Vizepräsidentin sie 15 Jahre lang war. Lehraufträge auf Einladung von 50 Universitäten führten sie nach Nord- und Südamerika, Israel und zahlreiche europäische Länder. Ihr Schrifttum ist in 11 Sprachen übersetzt worden.

Das „Süddeutsche Institut für Logotherapie GmbH" gilt international als eines der renommiertesten, in dem die Lehre Viktor E. Frankls authentisch gelehrt, angewandt und weiterentwickelt wird. Seine Mitarbeiter/Innen sind mit dem von Frankls Tochter Gabriele Vesely geleiteten „Viktor Frankl Institut" in Wien fachlich und menschlich eng verbunden.

Anschrift der Autorin:

Dr. Elisabeth Lukas

Süddeutsches Institut
für Logotherapie GmbH
Geschwister-Scholl-Platz 8
D-82256 Fürstenfeldbruck
Tel.Nr.: 08141 / 18041
Fax.Nr.: 08141 / 15195

Das Institut bietet an:

Psychologische Beratung
Psychotherapeutische Behandlung
Logotherapeutische Ausbildung

Es ist als gemeinnützig anerkannt.

Weitere Bücher der Autorin

„Heilungsgeschichten. Wie Logotherapie Menschen hilft", Verlag Herder, Freiburg, 1998

„Worte können heilen. Meditative Gedanken aus der Logotherapie", Quell Verlag, Stuttgart, 1998

„Lehrbuch der Logotherapie. Menschenbild und Methoden", Profil Verlag, München 1998

„Spirituelle Psychologie. Quellen sinnvollen Lebens", Kösel Verlag, München 1998

„Wie Leben gelingen kann. 30 (31) Geschichten mit logotherapeutischer Heilkraft", Quell Verlag, Stuttgart, 3. Auflage 1998.

„Auch dein Leiden hat Sinn. Logotherapeutischer Trost in der Krise", Verlag Herder, Freiburg, Neuausgabe, 2. Auflage 1996

„Sehnsucht nach Sinn. Logotherapeutische Antworten auf existentielle Fragen", Profil Verlag, München 1997

„Urvertrauen gewinnen. Logotherapeutische Leitlinien zur Lebensbejahung", Verlag Herder, Freiburg, 1997

„Alles fügt sich und erfüllt sich. Die Sinnfrage im Alter", Edition Johannes Kuhn, Quell Verlag, Stuttgart 3. Auflage 1997.

„Auch dein Leben hat Sinn. Logotherapeutische Wege zur Gesundung", Verlag Herder, Freiburg, Neuausgabe, 4. Auflage 1997

„Lebensbesinnung. Wie Logotherapie heilt", Verlag Herder, Freiburg, 2. Auflage 1997

„Weisheit als Medizin. Viktor E. Frankls Beitrag zur Psychotherapie", Quell Verlag, Stuttgart 1997

„Spannendes Leben. In der Spannung zwischen Sein und Sollen – ein Logotherapiebuch", Deutscher Taschenbuch Verlag, München, 1996

„Sinn in der Familie. Logotherapeutische Hilfen für das Zusammenleben", Verlag Herder, Freiburg, Neuausgabe 1995

„Auf den Spuren des Logos. Briefwechsel mit Viktor E. Frankl" (gemeinsam mit Joseph Fabry), Quintessenz-Verlag, München 1995

„Rat in ratloser Zeit. Anwendungs- und Grenzgebiete der Logotherapie", Verlag Herder, Freiburg, Neuausgabe 1994

„Psychotherapie in Würde. Logotherapeutische Lebenshilfe nach Viktor E. Frankl", Quintessenz-Verlag, München 1994. 1996 von Psychologie Verlags Union, Weinheim/Bergstr. übernommen.

„Geist und Sinn. Logotherapie – die dritte Wiener Schule der Psychotherapie", Psychologie Verlags Union, München 1990

Sehnsucht nach Sinn

Elisabeth Lukas

Logotherapeutische Antworten auf existentielle Fragen

„Dieses Buch enthält Aussagen zur unverlierbaren Sinnhaftigkeit des Lebens – trotz Schmerzlichkeit und Vergänglichkeit – wie sie ähnlich klar und überzeugend kaum je formuliert worden sind", so ein Expertenurteil. Was nicht verwundert, handelt es sich bei der Autorin doch um eine Frankl-Schülerin der ersten Generation, deren Kontakt mit ihrem Lehrer, dem Begründer der „sinnzentrierten Psychotherapie", genannt „Logotherapie", seit den 60er Jahren nie abgerissen ist. Ihm verdankt sie zahlreiche Einsichten in die mehrschichtige Struktur des Menschen – im Wechselspiel zwischen Leib und Seele einerseits, und zwischen den Abgründen der menschlichen Seele und den Höhen des menschlichen Geistes andererseits. Daraus resultieren mutige und verblüffende Hinweise zur Persönlichkeitsentwicklung, Heilung und Selbsthilfe, wie sie nur unter Ernstnahme der existentiellen Anliegen der Menschen einschließlich seiner ihm innewohnenden Sehnsucht nach Sinn konzipierbar sind. Das Buch stellt die veränderte und ergänzte Neuausgabe des Buches "Die magische Frage Wozu?" dar, die auf vielfachen Leserwunsche zustande gekommen ist.

156 S., brosch.,
ISBN 3-89019-410-9

Lehrbuch der Logotherapie

Menschenbild und Methoden

Elisabeth Lukas

Das Buch stellt eine erweiterte und um wesentliche Inhalte bereicherte Neuausgabe des Buches „Von der Trotzmacht des Geistes" dar, das mittlerweile zu einem der bedeutendsten Nachschlagewerke in der logotherapeutischen Weiterbildung geworden ist.

In komprimierter und dennoch präziser Weise wird darin die anthropologische Grundlage des Franklschen Gedankengebäudes vorgestellt, wodurch der Leser mühelos zu den sich daraus ergebenden methodischen Ansätzen dieser faszinierenden „Lebensschule" geleitet wird. Aber auch ernste psychische Erkrankungen in Verbindung zu somatischen Prozessen werden diskutiert, vor allem mit Blick auf Lösungs- und Linderungsmöglichkeiten der jeweils vorliegenden Problematik. Dabei wurde die logotherapeutische Nomenklatur bereits in die moderne Klassifikation seelischer Störungsbilder nach ICD-10 integriert. Ein Buch also gleichermaßen für Fachleute wie interessierte Laien, das mithilft, einen Zipfel des „Wunders menschlichen Seelenlebens" zu lüften.

238 S., gebunden,
ISBN 3-89019-427-3